本书由上海市教育发展基金会资助

SEDF

上海市教育发展基金会

SHANGHAI EDUCATION DEVELOPMENT FOUNDATION

上海地情普及系列丛书

璀璨明珠
陆家嘴

LUJIAZUI
A BRILLIANT PEARL

上海通志馆————主编

邢建榕　施　雯————著

上海人民出版社　　学林出版社

总　序

　　历史是最好的教科书，是人类最好的老师。习近平总书记指出："重视历史、研究历史、借鉴历史，可以给人类带来很多了解昨天、把握今天、开创明天的智慧。"

　　编写地方志是中华民族的优秀文化传统，方志记载了中华文明几千年的历史，是记述行政区域自然、政治、经济、文化和社会的历史与现状的最全面、最系统的资料性文献。近年来，上海市地方志办公室在承担繁重的上海第二轮新编地方志书编纂规划的同时，积极按照地方志"存史、育人、资政"的职能，探索通过多种形式开展地方志普及工作，传承上海历史，讲好上海发展，传播上海精彩。

　　2016年起，上海市地方志办公室及下属上海通志馆启动了"上海六千年"地方志普及读本系列编纂工程。2018年推出了三卷本《上海六千年》；趁势而上，2019年推出了5种——《海纳百川上海源》《浪奔浪涌黄浦江》《潮起潮落苏州河》《亦中亦西老城厢》《海韵江南古名镇》，今年再推5种——《人杰地灵新天地》《古韵新声静安寺》《上海零点人民广场》《中西邂逅徐家汇》《璀璨明珠陆家嘴》。依托志书的"信史"优势，地方志普及读本采取"大家写小书""大学者写大众通俗读物"的办法，特邀一批专家学者讲述上海故事，这些专家学者都是学问精深、文章优美的高手，将纷繁的历史地理写得明白晓畅，将复杂的历史故事写得好看好读。

当前，正值全党、全社会开展党史、新中国史、改革开放史、社会主义发展史学习教育之际，这套地方志普及读本系列正可成为"四史"学习的生动资料。

在今年的这套书里，你可以读到光荣伟大的中国共产党党史。党史专家徐光寿撰写的《人杰地灵新天地》一书里，把中国共产党在上海建党的一幕娓娓道来："1920年秋，法租界望志路树德里的石库门建成不久，李汉俊便随胞兄李书城从三益里搬迁至此……1921年7月23—30日，党的第一次全国代表大会的六次会议在此举行。"十分清晰地告诉读者，中共一大召开的地址和时间。

你也可以读到灿烂辉煌的新中国史。城市史专家苏智良撰写的《中西邂逅徐家汇》一书，生动地讲述了上海解放前后的巨大变化。比如，他写到，肇嘉浜原先是一条臭水浜，两岸全是"滚地龙"，瘟疫传染，河边常有死尸。从1954年起，上海市人民政府开始整治肇嘉浜，填平了这条臭水浜，建成了一条长3000米、宽60米的肇嘉浜路。原来河边"滚地龙"里的1700多户居民都住进了新村楼房。徐家汇地区原来是乡下，荒凉偏僻，布满小河和农田。经过几十年建设，尤其是改革开放以来，这里变成了享誉中外的徐家汇商圈——高楼林立，人如潮涌，购销两旺，生意兴隆。"2012年10月，'徐家汇源'成功获评国家4A级景区。城市商业中心被打造成4A级景区，这在全国尚属首例。"

　　而学者徐涛写的《古韵新声静安寺》一书里，讲述了中国福利会少年宫精心培育少年儿童茁壮成长的故事。位于延安西路上的嘉道理爵士公馆，曾是私人住宅。因为整幢房屋用大理石作为建材，故而又被称为"大理石大厦"。"1953年，在征得嘉道理家族同意后，时任中央人民政府副主席的宋庆龄于当年'六一'儿童节，在'大理石大厦'中创办了中国最早的少年宫——中国福利会少年宫。""到2018年为止，中国福利会少年宫为2700余万少年儿童开展了各类丰富多彩的活动，为40余万上海中小学生提供了兴趣培训和社会实践舞台，接待海内外宾客20万人次……"中国福利会少年宫培养了许多人才，画家陈逸飞、作家陆星儿等都曾在中国福利会少年宫学习过。

　　通过今年这套书，你还可以领略浦江两岸激情澎湃的改革开放浪潮。浦东三十年开发开放的巨大变化就是一个非常生动的故事。经过改革开放几十年的奋斗，陆家嘴建起了金茂大厦、环球中心、上海中心等许多摩天大楼，引进了许多中外银行和金融机构，建成了上海国际金融中心。金融史专家邢建榕、施雯在《璀璨明珠陆家嘴》一书中写道："如今，当我们乘坐着55秒内能从一层直达118层的高速电梯来到世界最高的360度观光台，在'上海之巅'感受这座城市的无限魅力时，真的会有一种'会当凌绝顶，一览众山小'的感觉……上海高层建筑群最密集、最具现代大都市魅力的浦东陆家嘴，成为当仁不让的中国改革开放和生机活力的象征。"

　　改革开放是我国社会主义发展史的一个重要组成部分。上海特别是浦东新区改革开放的实践，就是一个有力佐证，充分证明了邓小平关于"贫穷不是社会主义"的论断无比正确。

　　这套书里更是写到了波澜壮阔的社会主义发展史。地方史专家熊月之、严斌林在《上海零点人民广场》一书里告诉大家人民广场的由来。1861 年，英国人在泥城浜（今天的第一百货前面）附近跑马圈地，"跑马总会采取威逼利诱的手段，以一个银圆一亩的代价，强逼业主具结领款"。他们强占土地扩建跑马厅，让当地农民欲哭无泪。"1950 年，跑马厅被上海市人民政府收回后，经过一番讨论，最终市政府决定将跑马厅改建为'美丽的文化休憩公园和人民的广场'。……1952 年，公园正式改建完成，并由陈毅市长亲自题字，命名为'人民公园'。"这就是上海社会主义发展史的开篇。

　　以史为鉴，可以明得失。地方志普及读本系列以点带面、以史带论，力求真实、准确和生动地介绍上海发展的历史，让读者更好地了解上海的昨天、今天和明天。所以，我把这一普及读本系列郑重地介绍给大家，尤其介绍给广大的青少年朋友们。我相信，读了这一系列，不仅能够增强我们爱祖国、爱上海、爱家乡的情感，还能够帮助大家更好地认识和坚信：坚持中国共产党的领导、坚持走中国特色社会主义道路、坚持改革开放是历史的必然选择。

　　是为序。

上海市第十届政协副主席

国家教材委员会专家委员

上海市教育发展基金会理事长

目录

caizhen
2016.5.6

绪言　陆家嘴：从滨江工业区到金融贸易区

看上海近百年的历史，从浦东陆家嘴看外滩是最佳角度，雄伟壮观的万国建筑博览会，既浸透着殖民者的贪婪，也包含着上海人的奋斗，象征着上海城市近代化的历程。而看上海改革开放和浦东开发开放的历史，从外滩看陆家嘴是最佳角度，"大珠小珠落玉盘"的东方明珠、犹如穿天利剑的金茂大厦、获 2008 年世界最佳高层建筑荣誉的上海环球金融中心、后来居上的上海中心，充分反映陆家嘴奇迹般的成长史。

近代化启程与浦西同步

按上海地名通例，江河的急弯处凸出的地方称为"嘴"，凹进的地方称为"湾"，上海黄浦江沿岸约有十余个"嘴"，其中最为著名的当数黄浦江东岸的"陆家嘴"。

陆家嘴之名很有来头。据史料称，唐宋时期的黄浦江仅是苏州河（吴淞江）的支流，远不及后者开阔，到明中叶后黄浦江才后来居上，地位开始超过苏州河（吴淞江）。在黄浦江水系形成后，上游南向来水在浦东陆家嘴折向东流，因上游来水流速放缓，加之下游的潮汐逆流上溯，大量泥沙在此沉积，于是在东岸弯道处形成一片形似巨喙的滩地。而明朝翰林院大学士、上海人陆深家族曾在此居住，陆深殁后也敕葬于此。陆氏深得民心，如同徐光启之于徐家汇，后人因此称此地为"陆家嘴"。

尽管浦东开发大大晚于浦西，基础设施曾经极为落后，与浦西的交通往来极为不便，但陆家嘴因其濒临黄浦江的独特地理位置，水运有相当的优势，加之对岸就是浦西外滩，且比较起浦西高昂的地价，陆家嘴的开发使用成本较低，因此在上海开埠后，一些外商企业也开始青睐陆家嘴。外国洋商、公司在此侵占岸线，建立码头，开设工厂，打破了此地长期以来传统乡村社会的秩序，当地农民赖以生存的基础遭到破坏，为了维持生计，他们不得不到工厂做工。浦东几乎与浦西同步开始步入城市近代化的进程，特别是在陆家嘴滨江沿岸地带。

首先是与航运业和船舶有关的外商企业，相继入驻陆家嘴地区。

上海开埠后，对外贸易超过广州成为中国第一，每年来沪的外国商船多达三四千艘，这其中有相当一部分需要维修和保养，因此外滩对面的陆家嘴地区慢慢发展为船舶维修，进而发展为修造中心。当时上海有两大船舶修造中心，另一个便是浦西的虹口地区。

据统计，1860年至1864年，在上海开设的外商修船厂有9家，其中4家在虹口，5家在浦东，大多设在陆家嘴地区。1862年开设的祥生船厂是早期最大的船厂，生意十分兴隆，被称为"东方设备最完备的企业之一"，还兼造军火，清政府就委托该厂建造了两艘浮江炮艇。1914年，"官督商办"的上海轮船招商局扩大规模，在陆家嘴租地 7 亩开设内河机厂，招有职工 100 人，1928 年改为招商局机器造船厂。轮船招商局是中国人自己经营的第一家新式轮船企业，它的崛起打破了外商垄断轮船码头的局面。

国内工商界看中陆家嘴的有眼光者也不乏其人，如浙江人庄道觉开办了鸿祥兴船厂，不仅建造江海轮船、驳船、码头浮桥，还从事打捞、拆船工程，并吸纳了很多当地人就业。造船工人大都由木匠转化而来，从本地或宁波招募，宁波工人进厂普遍要晚于本地人。

鸿祥兴船厂于 1924 年将厂迁到陆家嘴，改名鸿翔兴机器船厂，不断扩大规模，提高技术生产水平，先后生产过入海渔轮、沿海客货轮、驳船、救生艇、轮渡船以及蒸汽机、锅炉、甲板机械等，是当时上海最大的私营船厂。

上海解放后，鸿翔兴船厂改制为国营立新造船厂，招商局机器造船厂与英联船厂则合并为上海船厂。

陆家嘴滨江工业区

陆家嘴地区因优越的地理区位，船舶修造业在此异军突起，随之码头仓栈业也紧随其后发展迅速。浦东黄浦江岸线长，可供利用地方多，抗战前夕浦东外资码头已有 19 处，码头数量超过浦西。1873 年，上海轮船招商局成立之时，就在浦东购置了位于烂泥渡北、陆家嘴南的一处码头。在浦东卸下的货物，可以通过渡轮、驳船转运到浦西。

有码头就有仓栈，1865 年，英商立德成仓栈就在陆家嘴建成，

"这家货栈全部面积大约五十亩，临河地段 1200 余英尺"，"承接茶、米、糖、匹头及其他一般货物，有砖瓦仓库存储。……轮船可沿埠头停靠，五小时之内可上煤一百吨"。19 世纪 80 年代后，又开始了一轮新的码头建设，如英商太古华通码头位于烂泥渡与陆家嘴之间，全长 1450 英尺，共有 6 只铁质浮码头，前沿水深 18 英尺。太古公司栈码头位于烂泥渡北，全长 900 英尺，有三只浮码头，前沿水深 17 英尺。

在 20 世纪 30 年代的"黄金时代"，在外滩的夜晚所能看到的浦东陆家嘴，就是码头仓栈忽明忽暗的灯火。茅盾著名小说《子夜》开篇一节写道，"从桥上（外白渡桥——笔者注）向东望，可以看见浦东的洋栈像巨大的怪兽，蹲在暝色中，闪着千百只小眼睛似的灯火"。

其他如纺织、火柴、造纸业等业，也纷纷落户陆家嘴地区。陆家嘴地区还散布着其他门类的工商企业，属于公用事业的浦东水厂于 1937 年 6 月在陆家嘴游龙路 1 号建成供水。浦东水厂是浦东地区最早的自来水厂，也是上海第一家市办水厂。由此可见，浦东陆家嘴沿江地带是不可小觑的近代上海重要工业区，与沿黄浦江的杨树浦、南市和沿苏州河的沪西、闸北等处，同为近代上海工业发展的重镇。同时这里也是工人运动的重要发祥地，滨江工业区的工人们积极参与了上海工人三次武装起义，烟草、火柴等业也多次发生罢工事件。

浦东和陆家嘴地区的城市化进程几乎与浦西同步，浦东的有识之士面对浦西迅速城市化的转折，也积极响应，奋起直追，组织起浦东同乡会、塘工善后局等民间组织，开通上川铁路，增设渡轮，积极投身公用事业，千方百计造福桑梓。但长期以来在规模、速度和技术上

大大落后于浦西，除沿江企业、码头、堆栈外，其城区风貌一如郊区
乡村，阡陌纵横，农田遍布。1930年，浦东开辟了与黄浦江平行，从
周家渡上南汽车站到陆家嘴的浦东路（即今浦东南路）；又从陆家嘴
到东沟，1944年延伸到高桥（即今浦东大道）。浦东南路、浦东大道
是浦东城市与乡村、近代滨江工业区与传统农村风貌的一条分界线，
两侧风光截然不同。

与浦西相比发展缓慢

总体来看，与浦西相比较，浦东和陆家嘴发展缓慢。其原因是多
方面的，首先是浦西浦东社会发展基础不同。由于浦西城区的发展历
史悠久，加之英法租界设立后新开辟的区域逐渐成为浦西新的政治和
商业中心，大量的资本、企业和人员均集中在浦西地区，从某种意义
上说，城市化进程即是工业化过程，浦西尤其是租界引进的西方先进
技术大大高于浦东，浦东和陆家嘴地区的城市化进程大大落后于浦西
也就不足为奇。这种局面一直到改革开放以后才彻底改观。

其次，无论是晚清政府还是后来的北洋政府、国民党政府，限于
当时的历史条件和财力物力，面对浦西浦东不同的发展程度，根本无
法对浦东和陆家嘴地区予以足够的重视，听之任之而已。既谈不上长
远规划，更谈不上开发和发展，基本上处于自行自发状态，但对浦东
塘工善后局等民间组织的一些开发活动也予以支持和鼓励。塘工局曾
开辟多条轮渡，如宣统二年（1910年）2月5日，塘工局开辟了从浦

东东沟经庆宁寺、西渡至南京路外滩铜人码头的第一条长途轮渡线。不过在复杂的近代上海社会，民间组织的力量是有限的、不稳定的。

再次，最重要也最基础性的是黄浦江的阻隔带来的不便。交通如同人的血脉，对于一个地区的经济社会发展具有无比重要的作用。浦西江边虽然开设有渡口，由船民摇舢板船送客人过江，后来升级为木质机动船、渡轮，成为浦西浦东之间唯一的现代化运输工具。但轮船的运能和效率毕竟很低，浦东和陆家嘴地区，因为缺乏便捷的交通设施，大大阻隔了资本、企业投资和人员流入。

早期轮渡处于自发状态，设施也十分简陋，后来才作为市政公用事业加以发展。20世纪30年代，浦东浦西之间，上海轮渡管理处仅有五条轮渡线，分别是庆定线、其威线、春北线、东东线和塘董线。其中东东线1933年开航，位于东昌路与东门路之间，因为两地均为繁盛之处，人员客流十分频繁，故而成为各轮渡线中人流量最大的一条。1934年落成的春北线，位于陆家嘴春江路的浮码头和浮桥，出口恰处于陆家嘴尖角，与对岸的北京路之间，开设有一条轮渡线。

除官办轮渡外，尚有多条商办或自办轮渡，因其价格低廉、经营形式多样，也颇受市民欢迎。

一些有识之士也设想在浦西和浦东之间建设桥梁或隧道越江工程，但均因种种原因无疾而终。抗战胜利后，上海市政府设立了越江工程委员会，聘请著名桥梁学家茅以升进行上海市越江工程可行性研究。在对外滩、十六铺、董家渡和日晖港四处地址进行论证后，茅以升觉得桥梁、隧道各有利弊，如建隧道，可选址中正东路（今延安东路）外滩，直通陆家嘴。如今的延安东路隧道，即与当年茅以升设想的路径基本一致。但可想而知，茅以升报告送上去后，犹如石沉大海，杳无音讯。

新中国成立以后，浦西浦东的差距不仅没有缩小，反而更加明显，1958 年时，92% 的上海城市居民、95% 的工业都集中在浦西，而浦江东岸只有 8% 的居民和 5% 的工业。并且增加了一些新的不利因素。比如区划变动频繁，20 世纪 50 年代，三区两县（洋泾、东昌、杨思、川沙、南汇）的建置格局维持三年多后，一度出现了涵盖由北至南大部分浦东沿江带的"东郊区"；从 1958 年到 1961 年，因"浦东县"的短暂存在，浦东境内呈现四县并存的格局。1984 年，浦东县撤销，又将沿江的陆家嘴、塘桥、洋泾一带划归黄浦区管辖，周家渡至杨思等沿江地区划归南市区。条块分割之下的浦东，长期以来缺少系统性发展规划和现代城市的功能定位，基本都是作为市区人口疏导和输送农副产品的基地而存在。

而且财政资金仍然紧张，尽管上海是相对富裕的地区，当时仍然难以承受越江交通的巨额投资，在 20 世纪 70 年代初才建成了第一条越江隧道——打浦路隧道，主要还是为战备服务的，因此在车道和运能设置上较为有限。

浦东打出了一张"王牌"

20 世纪 70 年代末、80 年代初，中国吹响了改革开放的号角。深圳、珠海、汕头、厦门、海南设立了经济特区，快速发展起来，成为改革开放的突破口和现代化建设的排头兵。与 5 个经济特区的如火如荼相比，曾经辉煌无比的大上海多少显得有些"落寞"，因此也积蓄了强烈的改革意愿。

浦东开发开放，为上海抓住了 20 世纪最后 10 年的宝贵机遇。1990 年，邓小平在上海过完春节，离开上海前，他留下了充满深情的企盼："浦东开发晚了，但还来得及，上海市委、市政府应该赶快给中央报。"回到北京后，他又强调说："上海是我们的王牌，把上海搞起来是一条捷径！"

上海不负众望，没有错过机遇，打出了一张让世界惊叹的"王牌"。

在党中央关于浦东开发开放决策的推动下，1990 年 6 月陆家嘴建立了全国首个国家级金融贸易开发区，率先启动的金融中心虽然只有 1.7 平方公里，但它如同纽约华尔街、伦敦金融城一样，是一块潜力无限的黄金宝地，具有极为重要的示范作用。

在浦东开发初始，上海市宣布成立陆家嘴、金桥、外高桥三大开发公司。在陆家嘴建设一个集中国与世界、现在与未来、浦西与浦东相融合的现代金融贸易区，主要有几个原因。

一是中央的战略决策：上海要建设国际金融中心。金融为百业之首，事关国计民生。1991 年初，邓小平来上海视察，朱镕基市长汇报浦东开发打算金融先行时，小平高瞻远瞩地指出：金融很重要，是现代经济的核心。金融搞好了，一着棋活，全盘皆活。以此为指导，上海把金融放在非常重要的位置，提出"浦东开发，金融先行"的理念，并在陆家嘴开发中加以贯彻落实，解决好浦东开发资金短缺的难题。

二是上海作为全国最大、位置最重要的一个开放城市，应该更进一步改革开放，再展国际金融中心的宏图。早在 20 世纪 30 年代，上海已经建设成为远东金融中心。深厚的积淀和历史底蕴，使上海具有打造现代国际金融中心的底气。浦东开发开放，给了上海再次成为国际金融中心的历史机遇，必须牢牢抓住。

三是陆家嘴优越的地理位置。陆家嘴处于浦东最好的位置，面临黄浦江，对面就是曾被称为东方华尔街的外滩，可以借助于对岸的金融辐射力，连成一片，组成一个更加强大的金融中心，产生新的金融集聚效应。同时，在沿江的小陆家嘴地区，建造金融机构集中入驻的高楼大厦，从浦西的角度看过来，一定会产生令人振奋、不输于外滩的效果，最大程度提升陆家嘴的金融城形象。

四是也正是因为地段好，陆家嘴能吸引外资投资的兴趣。这里被描绘为 20 世纪末人类正在进行的大规模城市建设中规模最大的一块钻石般宝地，而且基础设施相比浦东其他地区要好得多，水电煤等地下管线配套比较齐全，不必另外大动干戈，因此大家更愿意来此投资建造大楼。

五是更容易形成人气效应。陆家嘴地区虽然有不少人口和建筑（1.7 平方公里的小陆家嘴地区，有居民 16945 户，常住人口 49234人，39 家大型央企和上海重点企业，14 个码头仓库，250 多家小型企

业商店），而整个陆家嘴地区达 42 平方公里，有 65 万人，153 个居委会，162 个居民小区，动拆迁比较困难，不如比较空旷的金桥、外高桥地区那么好办，但另一方面，一旦开发开放很容易形成人气，有利于树立浦东开发开放的形象。

陆家嘴开发规划先行，上海市政府决定用国际智慧做好陆家嘴地区的规划。1991 年，上海市政府与法国政府签订协议，法国愿意提供 200 万法郎支援陆家嘴的规划设计，陆家嘴开发公司也筹集了相当于 200 万法郎的人民币。法方出面成立了"法国支援上海浦东开发集团"，并集结了中国、法国、美国、意大利、日本 5 个国家的优秀设

计事务所，共同参与规划设计。

很快，融合了中外建筑师智慧的陆家嘴中心地区规划设计方案敲定了。曾任浦东新区管委会副主任的黄奇帆后来回忆，他们拿着三根筷子，在沙盘上一插，确定了三栋摩天楼的位置，就是今天的环球金融中心、金贸大厦和上海中心，"纽约有三栋 100 层的楼，芝加哥也有三栋，所以陆家嘴也可放三栋"。

时任浦东新区管委会主任赵启正回忆说："陆家嘴 1.7 平方公里的范围内要建 400 万平方米的高层建筑与商贸大楼，为的就是要让世界级的跨国公司总部、大银行、贸易公司等各种重要机构在那里办公。"

陆家嘴规划方案确定后，历任上海市领导都没有随意修改过，正所谓"功成不必在我"。2015 年，陆家嘴最后一栋摩天楼——上海中心落成，陆家嘴就基本建成了，其间基本上就是一张蓝图干到底，没有做过大的改动。

每一栋摩天大楼都是一条垂直的金融街

浦东和陆家嘴地区的跨越发展，不仅使浦东开发开放进入新阶段，而且使一直负重前行的上海整体跑上了改革的快车道。东西一体，联动发展，上海全新的战略地位由此确立。

1995 年 6 月，中国人民银行上海市分行迁至陆家嘴，标志着陆家嘴金融贸易区进入功能开放阶段，各中外金融机构接踵而至。

浦东集各项制度优势于一身，越来越多的跨国金融机构，将陆家嘴作为中华区及东亚总部所在地。1995 年 9 月，首家外资银行——日本富士银行上海分行在陆家嘴开业。截至 2018 年底，陆家嘴共有跨国公司地区总部 100 多家，汇丰银行、花旗银行、渣打银行、星展银行、东亚银行、富士银行、三菱银行等众多跨国银行入驻其中。2015 年 4 月 27 日，陆家嘴金融片区正式纳入上海自贸区。利用自贸区政策加快创新，全球外资资管机构纷纷选择陆家嘴作为布局中国市场的落脚点。

1997 年 12 月 19 日，上海证券交易所迁入陆家嘴。上海期货交易所、房地产交易中心、煤炭交易中心、钻石交易中心、中国金融期货交易所等要素市场接踵而至。目前，陆家嘴共有十多家国家级要素市场和功能性金融基础设施机构。

可以毫不夸张地说，陆家嘴每一栋摩天大楼都是一条垂直的金融街，亿元以上税收楼宇突破 100 幢。仅金茂大厦和上海环球金融中心的建筑面积，就超过了外滩沿街所有老建筑面积的总和。如果以全部高层建筑体量计，则超过外滩建筑群 10 倍以上。昔日的浦东第一高——仅有 24 米的东昌路消防瞭望塔，早已被陆家嘴的中国第一高楼——632 米的上海中心大厦所取代。在 250 余幢高楼大厦里，共有50 余万白领在勤勉工作，其中集聚了"银证保"持牌机构 800 多家，约 23 万金融从业人员。陆家嘴世界金融中心的形象呼之欲出，在其不算悠长的历史中，这 30 年无疑是最波澜壮阔的一段。

根据最新《上海市浦东新区国土空间整体规划（2017—2035）》，陆家嘴板块是上海国际金融中心建设的核心区、国际航运中心建设的重要承载区和高端服务经济的集聚区。以商务办公为核心，重点集聚金融贸易和航运服务等全球城市功能，积极推进城市更新，进一步优化和完善商业服务、文化娱乐、旅游观光、品质居住等配套功能，打造世界级的中央活动区。

三十而立，浦东开发开放实现了"面向世界""后来居上"的要求，今天的浦东，以占上海五分之一的面积、四分之一的人口，贡献了全市三分之一的经济总量。改革开放再出发，未来的浦东，将会书写更多传奇，创造更多辉煌。我们期待，并坚信，陆家嘴的未来无限美好！

向东延伸的土地

由西向东的成陆过程

"浦东"与"陆家嘴"地名的由来

未能实现的近代开发梦想

黄浦江两岸差距的不断拉大

目光投向了浦江东岸

"从小到大"的陆家嘴

由西向东的成陆过程

相较于中华民族核心文明上下五千年的历史，上海的浦东是一片年轻的土地。自东晋初年逐步成陆以来，大约走过了 1700 年的光阴。如果要用一句话形象地概括浦东这片土地的沿革发展，那么可以说，浦东像一条山间溪流，有源头，但有时分，有时合；有路径，但有时缓，有时急。浦东滨江临海、江海一体，其历史沿革既表现出不断向外拓展的开放性，又表现出适应其特殊地理位置和经济社会发展的多变性。

在公元 4 世纪以前，下沙沙带浦东部分还是一片浅海。随着长江从上游夹带来的泥沙在江海交汇处被海浪冲顶而加速沉降，滩地面积不断增加。到 4 世纪东晋初年，上海地区的海岸线向东推进了约 20公里，下沙沙带海岸正式形成。同时，沿海居民为了生存发展，也不断捍海筑堤，与海争地。自然力与人力的共同作用，推动浦东的海岸线不断向东延伸。唐代开元元年（713 年），重修了长 150 余里的"古捍海塘"，海塘西南起自浙江盐官县界，穿越今浦东北蔡、周浦、下沙一带，东北抵吴淞江。根据考古挖掘发现，早在唐代这里已形成了人口聚居。

其中，位于今花木街道辖区内的"严桥遗址"，是最具代表性的一处唐初村落遗址。严桥遗址所在地由地表往下依次是黄土层、灰土层，在深约 3.5 米的灰土层内，出土了大量唐宋时代的器物，如石锤、砖井、陶纺轮、牛头骨料、青釉瓷碗等生产工具和生活用品。严桥遗址的发现及其与上海境内其他古文化遗址的对比，有力地证明了上海的成陆过程是由西向东逐步扩展的。今天，当我们站在浦东临海的大堤上远眺，可以看到远处大片的滩涂，鸟儿竞翔，芦苇摇曳。这些滩涂就是浦东的前身，也是上海的前身，"上海滩"的说法也算名副其实。

自唐代重修古捍海塘，至 1172 年南宋修成里护塘，1584 年明代修成外捍海塘（1733 年清雍正年间由南汇知县钦琏主持重修并加长加固，改名钦公塘），直到 1949 年 10 月人民塘竣工，浦东地区基本上每四个世纪海岸线东扩 10 公里左右，相应地就修成一条捍海主塘。而捍海塘的修筑带动了周边集镇、村落的发展，促进了人口繁衍和物产丰富。也许就是与海争地、向东扩展，奠定了日后上海"东进"、浦东开发的内生动力。

世界知名的大城市，几乎都有一条大江大河贯穿其间，给人民以滋养，赋城市以灵气，也提供了沟通内外的通道。黄浦江之于上海，正如泰晤士河之于伦敦、塞纳河之于巴黎、多瑙河之于布达佩斯，其重要性不言而喻。

黄浦江是长江下游的一大支流，发源于浙江安吉，自青浦区入上海境内，上游水道为东西走向，中下游呈南北走向穿越上海市区，最后在宝山吴淞口注入长江。从山间的涓涓细流，演变为长江三角洲上的滔滔大浦，是自然造化和人力整治共同推动的结果。

黄浦江的上游古称"东江"，是一条不起眼的小河，阔不过"尽一矢之力"而已，是古代太湖下游三道入海水道（东江、娄江、吴淞江）之一。东江最初在海盐附近，从杭州湾入海，后来人们修筑海塘，出口被堵，于是改从今金山卫入海，后来又改从闵行的闸港东流入海。当时闸港向北有条支流叫"黄浦"（古代"浦"即江河之意），其下游流经现在上海城区的东边，称为上海浦。上海浦向北流入吴淞江，吴淞江则向东北流经南跄口（今浦东黄家湾之南）入海。此时的黄浦连接上海浦，只是吴淞江的一条支流。

自宋代起，东江、娄江、吴淞江逐渐淤塞，太湖排水不畅，周边地区屡遭水患。到了明代，吴淞江河道日渐淤浅，造成上海地区及周边地区的低地，每到雨季都为潮水所淹，田无所获。

明永乐元年（1403 年），户部尚书夏元吉奉命治理太湖水患。夏元吉突破了前人狭隘保守的水利思想，另辟蹊径，放弃吴淞江下游一段淤塞的河道，而对黄浦进行加深拓宽，同时疏浚上海浦北边的范家浜（相当于现外滩至复兴岛南端），使范家浜上接上海浦、黄浦、泖湖，下与吴淞江合流后，从南跄口入海。如此，黄浦江从支流变为主流，吴淞口实际上成了"黄浦口"。这就是历史上著名的"黄浦夺淞，江浦合流"，把治理一河与调整一个水系结合起来，在我国水利史上具有重要的创新意义。

江浦合流后，为进一步充沛黄浦江的水景，又在东江的闸港处建造水闸，调东江水折北冲入黄浦江。新形成的黄浦江水系，数百年来河床深邃、水面开阔，使上海滨江临海的地理优势得到了充分发展，对于安定民生、发展经济起到了重要作用，且使日后重洋巨舰直达上海城下成为可能，极大地促进了上海地区航运和工商业的发展。

"浦东"与"陆家嘴"地名的由来

"浦东"作为正式地名，最早出现在上海地区第一部志书、南宋编纂的《云间志》中，至今有900余年历史。据《云间志》记载，上海沿海地区的先民以"熬波煮盐"起家，制盐业在上海有悠久的历史，当时的"浦东"是五大盐场之一，地理位置在现在的金山区东部及奉贤区西部。"浦东盐场"设立之时，黄浦江水系尚未形成，所以当时"浦东"的概念与今天大相径庭。

在历史上，"浦东"一直是一个相对模糊和不断变动的地域概念，在不同封建王朝直至民国政府的治理下，这块土地一直被频繁而随意地分割；新中国成立后的相当长时间内，也没有形成一个统一完整的行政区划。直到浦东开发开放后的1992年，浦东新区的行政建制和区划才正式形成，浦东也才有了统一的行政管理机构。

在浦东的区划沿革中，具有划时代意义的是唐代设立华亭县。唐天宝十载（751年），吴郡太守赵居贞奏请朝廷，析出嘉兴东境、海盐北境、昆山南境等地，设置华亭县。浦东便属于华亭县的一部分。华亭是上海地区设立的第一个县，是上海地区社会经济相对独立发展的标志，也奠定了上海和浦东行政格局发展变化的基础。《云间志》中记录了华亭县各乡、里的名称，但当时还没有作为地域名称的"浦东",只记录了一些属于浦东地区的具体地名。

从唐代至宋代,华亭县的政区格局没有重大变动。到了南宋建炎元年（1127年），因金兵南犯，大批北方士族随皇室南迁，上海地区人口大增，粮棉渔盐各业颇为发达，上海港商船云集，渐成"华亭东北一巨镇"。这就是浦东历史上第一次大规模的移民潮。浦东的很多大姓望族，如陆、瞿、朱、叶、赵、沈、乔、蔡等都是在那时从中原迁居浦东、立下根基的。他们在制盐、耕作、经商之余，始终不忘兴教读书、传承文脉。

元代是以人口规模确定府、州、县的建置，人口超过5万户就可升为州，到元代至元十四年（1277年），华亭县人口达到13万户，超过了建州的规定，就由县直接升为府，归江淮行省嘉兴路管理。一年后改名为松江府，辖华亭县。至元二十九年（1292年），朝廷割华亭县东北部五乡、今黄浦江东西两岸之地设置上海县，与华亭县共属松江府。自此，浦东除了高桥地区属于嘉定县外，其余都属上海县管辖，分属高昌乡和长人乡。但那时，仍没有出现与实际地理概念相应的"浦东"地名。

直到明永乐年间"江浦合流"，黄浦江成为上海地区的主河道，才有了"浦东""浦西"的格局。"浦东"作为区域名称，最早见于明嘉靖年间的《上海县志》："……由闸港而下，若盐铁塘、沈庄塘、若周浦，若三林塘，若杨淄港、黄淄溇，此为浦东之水；若陆道浜、唐子泾，若南俞塘、北俞塘……此为浦西之水也。"

在黄浦江九曲十八弯的河道上，形成了十几个向江心方向凸出的淤积滩头，形如巨鸟之喙，人们形象地称之为"嘴"。陆家嘴就是其中鼎鼎有名的一个"嘴"。

陆家嘴距吴淞口约25公里，明永乐年间黄浦江水系形成后，上游南向来水在此折向东流，在弯道处形成一片嘴状沙滩。因明代大学士陆深生卒于此，留下许多可圈可点的故事和著作，此地被后人称为"陆家嘴"。

清雍正三年（1725年），上海县把长人乡分出，设置南汇县，这是浦东第一个独立建置的县。同时嘉定县分出东北部区域，设置宝山县，这样浦东区域就分属上海、南汇、宝山三县。

清嘉庆十五年（1810年），上海县高昌乡滨海的一部分区域、南汇县北部及下沙盐场的一部分区域，设置"川沙抚民厅"。抚民厅是清代独有的地方行政区划，川沙抚民厅隶属于松江府。这个建置稳定了将近百年时间，于辛亥革命后改厅为县，隶属于江苏省。

由于历史上行政区划的不断变动，地区之间的发展也不平衡，"浦东"的含义在各种史籍记载和社会民间都有广义、狭义之分。广义的"浦东"泛指黄浦江以东的大片地区，而狭义的"浦东"仅指黄浦江东岸沿江地带。

未能实现的近代开发梦想

19 世纪中期，英、法、美等西方资本主义国家不断向外开疆拓土，寻求资源及产品生存新空间，而处在腐朽没落清王朝统治之下，积贫积弱的中国成为列强在全球扩张势力的重要目标。鸦片战争就在这样的形势下爆发了。

战后，清政府被迫签订了近代第一个不平等条约——《中英南京条约》，1843 年又签订了《五口通商章程》，开放广州、厦门、福州、宁波、上海五个城市为通商口岸。列强纷纷闯入国门，中国的领土主权遭到严重破坏，自然经济解体，社会性质发生了根本变化，沦为半殖民地半封建社会。

上海正式开埠后，列强纷纷划地建立租界，兴建码头工厂，进行资本渗透，并逐步向浦东沿江地区扩展，浦东近代城市化由此起步。在这个时期，由于自然经济解体和浦东海岸东扩，掀起了浦东历史上的第二次移民潮，大批外省籍人士来此谋生和开垦。

辛亥革命后，1912 年中华民国废除道、府、州、厅建制，川沙抚民厅改为县，与上海县、宝山县、南汇县和川沙县的隶属关系改为隶属江苏省。同年，江苏省公布暂行市乡制，上海县所属浦东沿江一带为洋泾市、塘桥乡、陈行乡、高兴乡、三林乡和杨思乡，其中洋泾、塘桥属于今天陆家嘴金融贸易区的范围内，地名也一直沿用至今。1914 年设置"沪海道"，辖有上海、南汇、川沙、宝山等 12 个县，这个行政区划延续到 1927 年。

1927 年 4 月，南京国民政府成立后，为了提升上海的经济地位，改进上海的市政建设和社会管理，将上海从江苏省辖下调整为直辖于中央的"上海特别市"。1927 年 5 月 7 日，国民党中央政治会议通过《上海特别市暂行条例》，同年 7 月 7 日上海特别市正式成立，30 个下辖市、乡统一改称为区。其中，原上海县在浦东的洋泾市、塘桥乡等六个市、乡先后划归上海特别市，成为上海特别市设在浦东的区。1930 年，上海特别市改为上海市，直隶于国民政府行政院。上海市原设在浦东的六个区撤并为三个，其中陆行区并入洋泾区，塘桥区并入杨思区。

1937 年上海沦陷后，日伪政权对上海的行政区划进行大规模调整，将川沙、南汇、宝山、嘉定、崇明、奉贤、上海七个县并入上海特别市，浦东地区分为南区、北区、川沙县区和南汇县区。抗战胜利后，恢复战前建置。

在政局动荡的近代，浦东的区划建置屡经变迁调整。与川沙、南汇等腹地区域的相对稳定不同，浦东沿江地区的建置一直处在频繁变化之中，这或许从一个方面反映了沿江带包括陆家嘴地区作为浦东城市化"先行者"的特点。

这一时期，有识之士和浦东乡贤不懈地开展了对浦东早期开发建设的探索。值得一提的是资产阶级民主革命的伟大先驱孙中山先生的"东方大港"计划，虽然最终未能落地，但是在浦东早期开发探索中，堪称是浓墨重彩的一笔。

1918 年 6 月，孙中山来到上海，决定腾出一段时间专心著述，一方面启发民智，一方面也是总结辛亥革命八年来的成败得失，梳理对国家未来出路的思考。在近两年的时间里，他在莫里哀路寓所深居简出，撰成了《孙文学说》《实业计划》两书，连同 1917 年撰成的《民权初步》合为《建国方略》。在这本书里，孙中山以他长年旅居海外的见闻、领导革命活动造就的广阔视野和远超时人的远见卓识，提出了关于开发浦东的宏伟设想——"东方大港"计划。

"东方大港"计划的具体内容为：一、保留黄浦江口起至江心沙（今复兴岛）、高桥河（即高桥港，下同）合流点为止；二、扩张黄浦江右岸（即浦东）一侧之弯曲部分，由高桥河合流点开一新河，直贯浦东，在龙华铁路接轨处上流第二转弯与黄浦江正流会合；三、这条新河将约 30 英方里之地圈入，作为市宅中心，又作为一新黄浦滩。将原黄浦江弯曲部分填塞作为道路，建商店、民宅等，还可吸引外国资本；四、在杨树浦下游至江心沙处，建一座约 6 英里的船坞，并在江心沙上游建水闸以通船坞，建一个顺岸式和挖入式相结合的大型港区；五、导苏州河沿黄浦江故道右岸，直注船坞之上端，然后与坞联合于新开之河。

作为一名卓越的政治家，孙中山还考虑到了"获利"的问题，他强调"故创造市宅中心于浦东，以增加其由此计划圈入上海之新地之价值"。孙中山精心绘制了很多蓝图，设想了施工步骤，并寄希望于引进足够多的外资来完成计划。孙中山认为，浦东具有滨江临海的地理优势，只要解决越江交通的问题，就能内外通畅；开凿"直己如绳"的新黄浦江，截弯取直，就能减少淤积，浦东岸线也将增加数公里长的沿江深水泊位，使上海港的沿江泊位增加近一倍。加之浦东地价低廉、工业污染少，又不受列强租界的阻限，发展空间广阔，随着交通逐渐便利，人口增加，各项事业发展繁荣指日可待。

1927年上海特别市成立后，开始酝酿"大上海计划"。在这个宏大的计划中，吴淞和江湾之间大片未开发的土地被划定为新的市中心区域，浦东虽然不是重点，但也被圈入开发范围：吴淞镇以南、殷行镇以北沿浦一带为商港区，并将浦东岸线作为商港区的扩充地带，又鉴于浦东沿江厂栈毗连、人口稠密但交通落后的状况，拟集中推进一批道路改扩建工程。值得一提的是，这个规划中首次出现了越江交通的身影，分别规划了公路和铁路穿越黄浦江的工程。

遗憾的是，无论是孙中山先生以改造黄浦江为核心开发浦东的"东方大港"规划，还是上海特别市政府的"大上海计划"，都受到当时经济社会各种因素的限制，基本没有落地。战事频繁的动荡时局、国民党政权的腐败、经济上的拮据、黄浦江的阻隔、租界的治外法权，多种因素的共同作用，造成除陆家嘴滨江地带外浦东地区长期存在的落后状态。

抗战胜利后，租界不复存在，但国民政府也并未形成大规模开发浦东的规划。上海市政府和民间人士虽有修建越江工程的设想，也因内战再起，尤其是疯狂的通货膨胀速度而搁浅。1946年11月，上海市都市计划委员会第二次会议上讨论越江隧桥建设时，有人战战兢兢说，内战就在眼前，必须得慎重从事。可见，在一个动荡不定的社会环境里，再美好的蓝图推进起来也是困难重重，甚至会中途夭折。

黄浦江两岸差距的不断拉大

上海解放后，浦东地区两县三区一乡的建置格局维持了三年多的时间。1952 年 10 月，洋泾区划出沿江张江浜到高庙一带，与杨思区划出的部分沿江地区合并建立东昌区。1956 年 1 月，高桥、洋泾、杨思三区合并为东郊区，这个区实际上涵盖了浦东沿江地带的大部分区域。

从 1958 年到 1961 年，短暂出现了第一个正式以"浦东"命名的行政区划——浦东县。1958 年 10 月，经国务院批准，撤销东昌区和东郊区，合并成立上海市浦东县。县域东临川沙县，南接上海县，西临黄浦江，北至长江口，面积约为 158 平方公里。这个范围实际上是由抗战前上海市在浦东地区的高桥、洋泾、杨思三区组成。此时，浦东境内呈现川沙、南汇、上海、浦东四县并存的格局。

浦东县成立时，下设三个街道办事处及 15 个乡，不久又改为 6个街道办事处和高桥、洋泾、杨思三个县属镇和 11 个人民公社。

后来，随着全市工业的不断发展，市属浦东县人口不断增加，农业人口比重相应降低。为了加强对工农业生产的领导和贯彻精简机构、紧缩编制的精神，经国务院批准，1961 年 1 月撤销浦东县建置，原浦东县农村地区全部划入川沙县，沿江带北片的高庙等地区划归杨浦区管辖。1984 年，又将沿江的陆家嘴、塘桥、洋泾一带划归黄浦区管辖，周家渡至杨思等沿江地区划归南市区。

自新中国成立到浦东开发开放前，随着上海工业生产龙头地位的确立和强化、对全国财政贡献的日益增长，一系列"城市病"也在逐步积累和爆发。由于上海是一座没有能源、没有原材料的城市，缺乏发展重工业的基础条件，加上地处东南沿海，基建投资的比例很低，仅占全国的 3.6%，上海的发展资金只能来源于挖潜革新、提高效率和效益，以及挤压消费，提高积累率。到 1976 年，上海的消费比重已下降到 26.6%。

1978 年 12 月，党的十一届三中全会作出了改革开放的伟大战略决策，国家布局了 5 个经济特区和 14 个沿海开放城市，形成了沿海从南到北的开放格局。

上海作为全国财政收入大户，实际上承担着改革开放"后卫"的重任。随着财政统购统销和计划调配制度逐步改变，生产资料供应和价格逐步放开，上海的发展受到能源、原材料短缺和成本上涨的冲击。实行中央政府与地方政府"分灶吃饭"后，上海又因上缴税收基数高、负担重，在市场化改革中较之其他地区有更大难度。身为服务全国排头兵的上海，自身的现代化进程却遭遇严重的瓶颈，产业能级提升缓慢，基础建设严重老化，城市面貌和人民生活水平长期得不到明显改善。

1980 年 10 月 3 日，《解放日报》在头版头条位置发表上海社科院研究员沈峻坡的文章《十个第一和五个倒数第一说明了什么？——

关于上海发展方向的探讨》。文章在列举上海工业总产值、出口总值、财政收入、工业全员劳动生产率、工业每百元固定资产实现的利润、工业资金周转速度、人均国民生产总值、能源有效利用率、商品调拨量、上海解放以来向各地输送技术力量等十个位居全国首位的经济指标后，犀利地分析了上海的"五个倒数第一"：市区每平方公里人口密度达 4.1 万人，为全国第一；建筑密度高达 56%，人均拥有道路仅 1.57 平方米，绿化面积仅 0.47 平方米，建筑稠密程度和道路绿化面积局促程度为全国第一；市区人均居住面积仅 4.3 平方米，4 平方米以下的缺房户占全市总户数的 60%，为全国大城市之最；每万辆车一年死亡人数为 42.5 人，车辆事故为全国大城市之最；因三废污染严重，市区癌症发病率为全国城市之最。这"十个第一"和"五个倒数第一"，深深击中了当时上海集中爆发的"城市病"。1987 年 12 月发生的陆家嘴轮渡站踩踏死伤事故，更是集中暴露了上海城市建设的短板。

这种状况的形成，是深刻的历史原因和诸多的现实困境共同作用的结果。租界时代遗留下来的各自为政、互不接通的市政规划，财政输血全国而造血后劲不足造成的民生困境，改革开放之初"左倾"思想的影响、"摊大饼"式的无序扩张，都是绕不过去的原因。

黄浦江两岸差距的不断拉大，是这一时期上海城市发展的又一大顽症。20 世纪 50 年代起，当世界上很多跨越大江大河的城市已经走上"姐妹城""卫星城"等新的发展道路，实现了江河两岸共同繁荣时，上海黄浦江两岸的差距却在不断拉大。1958 年时，92% 的上海

城市居民、95% 的工业都集中在浦西，而浦江东岸只有 8% 的居民和
5% 的工业。

越江交通设施的匮乏，成为阻碍两岸同步发展的首要因素，尽管
上海是相对富裕的地区，当时仍然难以承受越江交通的巨额投资，在
20 世纪 70 年代初才建成了第一条越江隧道——打浦路隧道，还是按
照"备战备荒"的思路设计的，通行能力很有限。"三区两县"的区
划设置，造成浦东的管理一直呈现条块分割状态，缺乏整体联动规
划，中部腹地和东部沿海区域主要被定位为向市区输送农产品的基
地，维持着农业占主导的经济结构，沿江产业带的优势没有充分辐射
延伸。

其实，在浦东开发开放国家战略推出之前，并非没有过开发浦东
的设想。1953 年，上海城市规划部门在苏联专家的指导下编制了《上
海市总图规划示意图》，对浦东陆家嘴地区的公共空间布局作了初步
设想；1956 年，在建筑工程部的指导下起草了《关于上海城市总体规
划的初步意见》，提出浦东沿江地区作为上海市城区及近郊区的组成
部分，主要发展陆家嘴、花木、白莲泾、周家渡、高桥、东沟等地，
布局模式是结合工业区设置居住区和公共设施。这些设想的核心内容
是在浦江两岸建成扩大版的上海市中心城区，再以此为基础向浦东纵
深扩展，逐步建成一个横跨浦江两岸的大上海。应当说，这些规划在
当时也都是比较先进的，但受制于当时的经济基础，实现程度非常
有限。

目光投向了浦江东岸

伴随着改革开放的春潮，南海之滨的深圳等五个经济特区迅猛发展，猛烈地冲击着上海人的心扉。上海向何处去？如何继续实现经济大发展和城市功能全面提升？如何重塑昔日远东繁华大都市的形象？在这些"灵魂拷问"之下，寻找一个新发展空间的呼声日益高涨。从领导决策层到民间，人们不约而同地把目光投向了浦江东岸。

1980 年 3 月 13 日，市政协委员听取了市计委的《上海远景规划问题的报告》，此后市政协经济研究委员会两次召开扩大会议讨论上海的长远发展规划。多数委员主张开发浦东，认为上海位于中国弓形海岸线的正中位置，而浦东犹如满弓上搭的箭头，地理位置优越，易于按现代化城市的要求来建设，上海要发展外贸，需要扩建港口设施，向浦东发展是最合理的选择，而且开发浦东有利于扩展城区范围，疏散中心城区的人口。此后的两年内，全市掀起了一场关于"上海向何处去，建设什么样的上海"的大讨论。

1984 年 9 月，由国务委员兼国家计委主任宋平领衔的国务院改造振兴上海调研组，会同上海方面开展了为期半个月的调研。在此基础上，时任市长汪道涵同调研组一起，组织召开了近百名专家学者参加的专题研讨会，年底向国务院提交了《关于上海经济发展战略汇报提纲》。这是新中国成立后第一个着眼于上海经济现代化发展的战略纲要，提出"上海要充分发挥对外开放和多功能中心城市的作用，力争在20世纪末建设成为开放型、多功能、产业结构合理、科学技术先进、具有高度文明的社会主义现代化城市"。《提纲》明确提出要创造条件开发浦东，实现新建工业向新区进军，还提出要在"七五""八五"期间规划建设一批大型骨干过程，完善越江交通。1985年2月6日，国务院批转了这一报告。

民间舆论的"第一声呼唤"，则是1980年10月上海社科院《社会科学》期刊上发表的陈坤龙《到浦东广阔地区发展》一文。陈坤龙当时是市城市规划局的工程师，他经过无数次的现场调研踏勘写成了这篇文章。文章设想浦东新城应改变块状辐射的传统思路，采用"带式"发展布局，公路两侧为市区居住生活区，逐步向两侧外发展。同年，市城市经济学会的易新发表了《在浦东沿江建立新的市中心——要在6100平方公里做大文章》一文。两篇文章一前一后激起强烈反响。

1981年市政协五届三次全体会议上，多名政协委员提交了有关浦东开发建设的提案，提出了设置"浦东新区"行政区划的设想，给出了建设越江隧桥、扩建水陆码头、修建交通干道、开辟商业网点、增加文教设施等许多非常具体的建议，并就引进外资、试点合资经营提出了思路。

1983年，上海社科院部门经济研究所副所长陈敏之领衔的"上海经济发展战略研究"被列入全国哲学社会科学"六五"规划重点项

陆家嘴

目。该课题提出开发浦东应当提到上海城市发展战略的重要议事日程上来，应考虑将浦东建设成上海的政治中心，同时兼以文化中心、教育中心、科技中心和信息中心。这一大胆设想，超越了以往仅将浦东作为市区延伸辅助地带和人口疏解区的观念。

这一时期，政研部门、高等院校、科研机构、民主党派等各界人士出炉了大量探讨浦东开发建设的文章，其中还包括了一些在今天看来仍相当具有前瞻性的想法，如辟建自由港区、建设外高桥经济特区等。这些建议和探索都得到了决策层的高度重视，关于浦东开发开放的态度越来越明朗了。

当然，关于上海发展方向的讨论，也出现过短暂的分野。

1986年春，市城市经济学会、上海经济研究中心等10家单位联合召开了"上海城市发展战略研讨会"。之后，各方就上海的发展方向形成了四个选项：一是以虹桥为基础向青浦拓展的"西扩"计划，这与原来"摊大饼"没有本质区别，改造旧城区比建设新城区的投入和难度要大得多，很快遭到否决。二是以江湾为基础向吴淞发展的"北上"计划，这个方案有着20世纪30年代"大上海计划"的影子。三是经闵行向金山发展直至杭州湾的"南下"计划，因为金山也是一块污染少、开发成本不高的处女地，此方案得到了较多肯定。四是东进，就是跨越黄浦江开发浦东，此前已有了较好的立论基础，但是越江问题仍然受到普遍质疑。而且当时联合国派来合作开展研究的外国专家也不赞成开发浦东，认为"浦东是尽头，面向太平洋"，他们提出沿沪宁线和沪杭线拓展。一时间，三种意见难分伯仲。1986年10

月国务院批准的《上海市城市总体规划方案》批复中，给出兼顾的说法：要重点发展金山卫和吴淞南北两翼，加速若干新区的建设；要注意有计划地建设和改造浦东地区，尽快修建越江隧桥等工程，发展金融、贸易、科技、文教和商业服务设施，建设新居住区，使浦东地区成为现代化新城区。

经过反复讨论、论证，最终"东进"方案的优势越来越明显，得到共同认可。上海在时任市长江泽民的主持下，开始酝酿开发浦东的初步方案，编制完成《上海市城市总体规划方案》，于 1986 年 10 月 13 日获国务院批复，这是中央第一次在正式文件中提到浦东建设。

此后，各界关于"东进"的共识越来越强烈，有关部门开始进行更具体的可行性研究。1987 年 2 月，九三学社上海市委的研究报告《上海新市区建设预可行性研究——浦东新区建设方略》通过专家评估，这个报告对于开发浦东的指导思想、总体布局、近期安排、资金及政策、立法与体制等方面作了比较详细的设计和阐述。同时，还形成了上海经济研究中心、市计委、市科委、同济大学等单位提交的《浦东新区经济、科技、社会、文化发展纲要》《现代化浦东地区发展形态的研究综合报告》两份重量级研究成果。

1986 年 7 月，被誉为"海外呼吁浦东开发第一人"的美籍华裔建筑学家林同炎向时任上海市市长江泽民写了一封万言书，专门阐述浦东开发问题，建议要立足浦东、放眼世界。江泽民非常重视，请老市长汪道涵全力推进。1987 年 5 月，林同炎专程访华，受到中央领导接见，不久后成立了由中外专家组成的开发浦东联合研究咨询小组，中方组长是上海市副市长倪天增，林同炎任外方组组长，汪道涵任总顾问。小组聚集各路精英 300 多人，分 15 个课题开展了约一年的研究，形成《开发浦东可行性研究报告》(大纲)、《关于开发浦东几个主要问题的汇报》《开发浦东——建设现代化的大上海》等成果。

1988 年 4 月，朱镕基在上海市九届人大一次会议上作为市长候选人发表演讲时，正式提到了"开发浦东"四个字，他告诉代表们，浦东是上海未来的希望，那边要建设一个"新上海"。

1988 年 5 月 2 日，浦东开发国际研讨会在上海西郊宾馆召开，140 多位中外专家出席了为期三天的会议。这是浦东开发史上一次里程碑式的会议，第一次向全世界传递了开发浦东的信息。同年 11 月，经中央原则同意，上海市政府宣布成立浦东开发开放领导小组，由顾传训、倪天增两位副市长担任正副组长，汪道涵为顾问。

浦东开发开放俨然成为我国向世界宣示推进改革开放坚定决心、增强人民群众对中国特色社会主义道路信心的一张"王牌"。在邓小平同志的亲自关怀和勉力推动下，浦东开发开放成为中国新一轮改革开放高潮的领头羊。他旗帜鲜明地表示支持浦东开发，并表示要借此"把进一步开放的旗帜打出去"。

1990 年 4 月 18 日，时任国务院总理李鹏正式宣布了党中央、国务院同意上海加快浦东地区开发的决定。历代仁人志士开发浦东的梦想历经百年求索，最终在中国共产党领导的不断发展繁荣的新中国变成了现实！

1990 年 5 月 3 日，上海市人民政府浦东开发办公室和上海市浦东

陆家嘴中心绿地上的《回溯绿洲》雕像

开发规划研究设计院在浦东大道 141 号挂牌成立。当年 6 月 2 日，党中央、国务院向上海市委市政府下达《关于开发和开放浦东问题的批复》，指出开发和开放浦东是深化改革、进一步实行对外开放的重大部署，必将对上海和全国的政治稳定与经济发展产生极其重要的影响，开发和开放浦东是一件关系全局的大事，一定要切实办好。

1993 年 1 月 1 日，中共上海市浦东新区工作委员会、上海市浦东新区管理委员会成立，赵启正任党工委书记、管委会主任。1992 年 10 月，川沙县建置撤销，同时将原属南市、黄浦、杨浦的浦东部分及闵行的三林乡统一划入浦东新区。2000 年 8 月，浦东新区正式建政，成立党委、政府、人大、政协"四套班子"。2009 年 5 月，南汇区行政区域划入浦东新区，新浦东的地域面积扩大一倍多，达到 1210.4 平方公里，浦东开启了"二次创业"新里程。

"从小到大"的陆家嘴

浦东开发开放至今走过了 30 年的峥嵘岁月，经历了从形态开发到功能开发的递进历程，也多次调整了总体布局。

陆家嘴作为浦东占据黄金地理位置、工业化起步最早的地区，在浦东开发开放总体布局中始终占据龙头地位，始终是前沿阵地。而陆家嘴的地域范围，也有大小不等的不同概念。

曾任浦东开发办副主任、浦东新区政协主席的李佳能，在回忆 20 世纪 80 年代末浦东开发过程中"四种方案"的争论时说："东进符合国际大都市发展的规律，它总是先沿河、江两岸，然后从上游到下游、从河口到海口这样的规律。跨过黄浦江，再到芦潮港，这就是上海国家大都市发展的规律。特别是陆家嘴比较能够解决外滩原来金融贸易等经济方面的一些功能欠缺。"

1986 年 10 月 13 日获得国务院批复的《上海市城市总体规划方案》中，对浦东开发提出了一系列具体构想，特别对陆家嘴区域作了定位："将划出一定地段发展金融、科技、文教、信息和商业服务设施。在陆家嘴附近将形成新的金融、贸易中心，成为上海市中心的延续部分。为此，要尽快修建黄浦江大桥及隧道等工程，解决过江交通。"

20 世纪 90 年代，市政府批准的浦东新区总体规划中明确了陆家嘴金融贸易区是上海建设金融中心、贸易中心和经济中心的重要组成部分。1990 年 6 月，国务院批准在浦东设立陆家嘴金融贸易区和外高桥保税区，成立了陆家嘴金融贸易区开发公司主导区域开发建设和招商引资，明确了陆家嘴金融贸易区的范围包括内环线浦东段与黄浦江的围合部分，面积为 31.78 平方公里。这是浦东开发开放以来沿用最广泛的陆家嘴区域范围。

1992 年的浦东新区总体规划方案考虑了三条"发展轴"，其中一条轴线从陆家嘴金融中心区开始，经花木行政中心至川沙镇、长江口滨江的第二国际航空港，这是上海中心城东西向经济发展轴的延伸和强化。1993 年底，吸收国内外多方专家力量共同完成的陆家嘴中心区规划经上海市人民政府正式批准通过，这个规划对面积为 1.7 平方公里的陆家嘴滨江核心区，也就是俗称"小陆家嘴"的地区的功能布局和城市建设作出了极具前瞻性的设计。

2001 年，国务院在批复新一轮上海市城市总体规划中明确指出，上海城市建设与发展要遵循经济、社会、人口、资源和环境相协调的可持续发展战略，以技术创新为动力，不断增强城市功能，把上海建设成为经济繁荣、社会文明、环境优美的国际大都市，国际经济、金融、贸易和航运中心之一。2003 年的浦东新区综合发展规划中，提出以世纪大道为纽带，连接陆家嘴 CBD 地区和花木行政文化区，形成具有国际影响力的金融商务区。2004 年 10 月，浦东新区综合配套改革政策出台，至 2005 年底，共成立陆家嘴、外高桥、金桥、张江、三林世博、川沙等六个功能区域，陆家嘴功能区域的范围覆盖陆家嘴、潍坊、塘桥、洋泾、花木五个街道，面积达 42.77 平方公里。这也是浦东开发开放以来出现过的最大的一个陆家嘴概念。

2007 年，《上海浦东金融核心功能区发展十一五规划》首次提出"陆家嘴金融城"的概念，指出浦东金融核心功能区的金融机构要在未来高度集聚，达到国际新兴区域性金融中心的水平。为了预留金融业的长期发展空间，形成"一道三区"发展布局（世纪大道及以其为轴线串联的陆家嘴中心区、竹园商贸区和世纪大道中段两侧地块，以及花木行政文化区）。在功能结构布局上，金融办公和总部大楼集中在陆家嘴中心区，"省部楼宇"布局在东方路、张杨路沿线，行政管理、文化科教职能以花木地区为主。三个组团之间用快速道路和地下管线联通。至此，陆家嘴地区发展的空间骨架出炉了。

2009 年 4 月，国务院颁布了《关于推进上海加快发展现代服务业和先进制造业建设国际金融中心和国际航运中心的意见》。为配合陆家嘴金融贸易区产业功能与城市功能的完善，在空间形态上，其建设重点从"一道三区"逐步向周边扩展，包括上海船厂地区、杨高南路商务走廊、塘东总部基地、竹园商贸地块等作为金融服务、商务商贸功能新的承载地。同时，整个陆家嘴地区在重点发展金融产业的过程中，相关配套的商业、文化、娱乐休闲、居住生活、绿化生态等功能的空间建设也不断完善。

原南汇区行政区域划入浦东新区后，为浦东发展提供了更广阔的空间。将上海建设国际金融中心的核心区域——陆家嘴，以及国际航

洋山港林立的塔吊

运中心的核心区域——外高桥、洋山港，在新浦东的版图上加以统筹，更有利于实现功能的互补和集约，达到"1＋1＞2"的效果。2010年1月，陆家嘴功能区域管委会撤销，成立陆家嘴金融贸易区管委会，履行经济发展、规划建设、产业促进、环境优化等职能。

2013年起，随着上海自由贸易试验区的成立，浦东开发进入全面制度创新、改革转型的新阶段。2015年初进行"扩区"，上海自贸区由原来的28.78平方公里扩展到120.72平方公里，陆家嘴片区成为五大片区之一，主要发展目标是探索建立与国际通行规则相衔接的金融制度体系，与总部经济等现代服务业发展相适应的制度安排，持续推进投资便利化、贸易自由化、金融国际化和监管制度创新。

历史上的人物

陆深：陆家嘴因他而得名

今天的陆家嘴是一个充满国际金融气味又洋溢着时尚品位的"CBD"，而假如我们穿越历史的烟尘去追溯它的源头，则是与五百多年前的一位大学士紧紧联系在一起——陆深。"陆家嘴"正是因他而得名。

明初，随着一系列发展文化政策的推行和印刷术的改进，在与欧洲文艺复兴差不多的历史节点上，我国封建社会文化艺术发展进入一个相对繁荣的阶段。特别是在经济富庶、人杰地灵的江南地区，私家藏书和研究著述成果宏富。明代的陆深就是著名的儒臣。

陆深（1477—1544，即明成化十三年至明嘉靖二十三年），字子渊，号俨山。其祖籍河南开封，唐代著名文学家陆龟蒙便是他的祖先。到南宋初期南迁到江苏华亭，曾祖父德衡于明初入赘于上海浦东洋泾的章姓人家，这是陆氏定居浦东的开始。陆深《古诗对联序》中称："余家自先曾祖竹居府君，卜居于黄浦东涯，已百余年，而子孙蕃衍，内外族人已千指。"陆深的祖父陆璇、父亲陆平，都有很高的文学造诣。

陆深在幼年即表现出聪慧过人的天资，五六岁就能辨析字义并朗诵古诗，年龄稍长后又开始研究经史，在科举的道路上一路通达。24

陆深

岁时考中应天府（今南京）乡试第一名（解元），后来又考中会试第九名、进士二甲第八名，而立之年便入选翰林院任编修。但是不久后，秉性刚直的他便得罪了权宦刘瑾，被外放担任南京主事。后陆深回京官复原职，又擢升为国子监祭酒、国子监司业等官职。

陆深 43 岁时父亲过世，百善孝为先，他"丁忧"回乡。当时他已对官场争斗感到心力交瘁，守孝期满后一度托词拒绝回朝。后因朝中正直之臣纷纷荐举，起为祭酒，充经筵讲官，在帝前讲课。在这个职位上，他又因为就讲章内容的修订事宜向嘉靖帝进言，受到当时负责审定讲章的礼部尚书桂萼的忌惮，被谪贬为延平府同知。此后，又先后担任山西、浙江提学副使，四川左布政使，始终坚持秉公办事，留有清名。嘉靖十六年（1537年），改任太常卿，兼侍读学士。世宗时南巡，命陆深随从，掌行在翰林院印，嘉靖帝亲笔删去"侍读"二字，进詹事。

嘉靖十九年（1540年），年事已高的陆深辞官回到故乡浦东，潜心著述，并修筑"后乐园"养老，取范仲淹名句"先天下之忧而忧，后天下之乐而乐"之意。

当时的后乐园是上海的一处名园，"一望如画"，包括学士第、乐乐堂、澄怀阁、望江洲、小康山径、小沧浪、江东山楼、俨山精舍、水晶帘、知非书屋等很多景观，还运土筑岗，垒起了一座"俨山"。陆深去世后，嘉靖帝赠封礼部右侍郎，谥号"文裕"，就地葬于后乐园旁。次年还在其陵墓以北辟建了陆文裕公祠。

因为这里有陆深的墓、故宅和祖茔，而往北奔流的黄浦江又在此

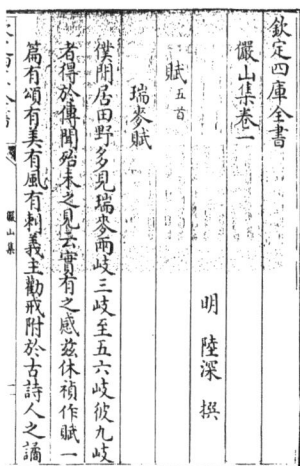

陆深代表作《俨山集》书影

一折，改向东去，在东岸形成一片形似巨喙的土地。按上海地名通例，江河的急弯处凸出的地方称为"嘴"，凹进的地方称为"湾"，于是这一带便得名"陆家嘴"。可惜后乐园后来毁于倭患，所有遗迹到清末便完全消失了。

陆深居官为名臣，在野为名士，他晚年退隐官场后著述宏富，留下了32种近180万字的传世著作，《四库全书》中收录陆深著作达21种，人称："陆祭酒俨山最称博雅。"

陆深的代表性著述有《俨山集》《俨山续集》《俨山外集》和史学批评著作《史通会要》，另外还有在翰林院时记录其考证历史典故所得的《玉堂漫笔》三卷，研究明代中叶宗室制度的《传疑录》，以及《陆文裕公行远集》《陆文裕公行远外集》等。

陆深还是著名的藏书家，藏书数量达数万卷之多，其祖传的藏书楼名为"江东山楼"，撰有《江东藏书目录》（此书已佚）。从这些名称中，也不难看出陆深在长年宦游生涯中始终不变的对家乡浦东的挚爱和眷恋。他的藏书突破了"经史子集"的传统排列法，独创了按自身藏书特点编目，共分十三类（正经第一，理性第二，正史第三，非经非史的古书第四，诸子第五，文集第六，诗集第七，类书第八，杂史第九，山经地志类的诸志第十，韵书第十一，小学医药第十二，方术杂流类第十三），更便于检索和利用。

陆深在书法方面也有很高的造诣，笔法遒劲有力，如铁画银钩，晚年尤妙，代表作有《瑞麦赋》上下卷，长3米左右，350余行，现藏于北京故宫博物院。

　　陆深夫人梅氏也是一位深明大义的女性。嘉靖三十二年（1553年），上海嘉定、宝山等地遭到倭寇登陆突袭，不久即成聚众数千、连舰数百之势，城内居民几无宁日。此时陆深已过世，梅氏听闻上海要筑城抵御倭患，毅然决定捐田拆房，为修筑小东门助力，后人为了纪念她，亦称小东门为"夫人门"。

陆锡熊：《四库全书》总纂官

提起我国现存规模最大的一部官修图书——《四库全书》，可谓家喻户晓，殊不知其总纂官之一的陆锡熊，正是出自浦东陆家嘴地区的文化名人。

陆锡熊（1734—1792）是陆深的七世孙，清代著名的文史学家、方志学家。字健男，号耳山、篁树，晚号"淞南老人"，曾用书屋名号"宝奎堂""传经书屋"等。原住陆家嘴地区，后迁居上海县城。

陆锡熊继承了陆氏一门的深厚家学，自少时起便才华横溢、博闻强记、文笔畅达。27岁考中进士（乾隆二十六年），步入仕途，历任山西、浙江、广东等地乡试主考官。乾隆帝南巡时，献赋行在，面试列一等，赐内阁中书，直军机处。

入朝后，陆锡熊以卓越的文学才华受知于乾隆帝，初时奉命编《通鉴辑览》，后来与纪昀（纪晓岚）同被任命为《四库全书》总纂官。

古籍整理编目工作作为文化传承的重要方式，在历代均受到官方和学界的高度重视。汉唐以来，涌现了《汉书·艺文志》《隋书·经籍志》等优秀之作，到明初《永乐大典》时可谓登峰造极。但因唐宋以来诸多典籍受体例所限，常有"内容割裂、首尾不具"的短板，难以保存古籍之旧观，到了清代，将历代典籍重新整理、总结和汇编工作已成亟待解决的问题。在当时一批知名学人的建言下，乾隆帝决定开展集历代大成、补历代疏缺的《四库全书》编修工作。

1773 年，清廷开设《四库全书》编纂馆，邀集 380 多名学者、高官，启动了《四库全书》编修工作。全书历时 13 年编成，按照古籍经典分类法，分为经、史、子、集四部，故称"四库"。这个名称源自初唐的官方藏书，后来一直沿用，成为我国古代图书分类的主要方法。

《四库全书》共收录 3500 多种书，7.9 万卷，3.6 万册，总字数约8 亿，基本囊括了我国此前古代所有的典籍图书，堪称中华传统文化最丰富最完备的集成之作，我国古代文、史、哲、理、工、医等几乎各门学科都能从中找到其源头和血脉。其无论从古籍整理方法上，还是在辑佚、校勘、目录学等方面，对后世的编史修志工作都产生了深远影响。书成之后，乾隆帝命人手抄了 7 部，分别保存于"北四阁"（紫禁城文渊阁、沈阳文溯阁、圆明园文源阁、河北承德文津阁）和"南三阁"（扬州文汇阁、镇江文宗阁、杭州文澜阁）。

只因纪昀盛名于后世，陆锡熊的光芒被其所掩，人们对他在这项传世文化大工程中的贡献知之不多，而实际上他对于全书编修和提要修订都做了很多工作。陆氏文集中涉及四库编修的史料不多，但从吉光片羽中仍然能够管窥其工作。上海图书馆所藏的《四库全书总目提要》残稿内有《辨言》重写提要稿一篇，记载了四库"子部"部分内容的考证审定过程；《篁村集》卷九自述："臣等奉命撰次《总目提

陆锡熊代表作《宝奎堂集》书影

要》，荷蒙指示体例，编成二百卷。"乾隆二十八年（1763 年）八月，乾隆帝曾有上谕曰："见其考订分排具有条理，而撰述提要粲然客观，则成于纪昀、陆锡熊之手。二人学问本优，校书亦极勤勉，甚属可嘉。"对二人在《四库全书》编修工作中的贡献给予同等的赞誉。

陆锡熊的其他著作还有《契丹国志》《胜朝殉节诸臣录》《河源纪略》《历代职官表》《唐桂二王本末》《宝奎堂文集》《篁村诗钞》《炳烛偶抄》《娄县志》等，可见涉猎范围很广，从国志方志到人物列传，从地情风物到散文随笔均有造诣。

陆锡熊为官和著述勤勉辛劳，很受乾隆帝的器重和赏识，多次升迁，又任宗人府主事、刑部郎中、翰林院侍读学士等职，充日讲起居注官，直文渊阁，五迁左副都御史。

然而，清代一度盛行的"文字狱"，也使得陆锡熊命运多舛。乾

隆五十二年（1787 年），清廷发现《四库全书》中提到有诋毁朝廷字
句的书籍，勒令陆锡熊、纪昀两人负责重新修正，并由两人分摊书籍
校印费用。5 年后，由于在常年艰辛的编史修志工作中心力交瘁、身
染沉疴，陆锡熊最终在重校沈阳文溯阁《四库全书》的路途中，病逝
于奉天（今辽宁沈阳），终年 58 岁。

陆锡熊的著作多由其儿子进行刊刻并流传于世。其代表作《宝奎
堂集》十二卷是校史随笔，于汉史以下诸史，订讹补缺，正读发疑。
虽着墨不多，而确有心得，其好友在序言中评价道"耳山撰文，不假
思索，蕴蓄于中，而腾跃于外，自有冲和粹集气象"，对陆锡熊洗练
畅达、富有张力的文笔特征给予了确切的评价。

陆氏一门，两位文史宗师的出现，为陆家嘴的历史平添了光辉灿
烂的人文色彩。

沈寿昌：保卫海疆谱英名

在原浦东洋泾镇（今浦东大道靠近源深路一带），走出了一位在近代史上为国捐躯、青史流芳的名将——沈寿昌。

沈寿昌（1863—1894），字清和。他幼年即聪颖好学，胸有大志。12 岁时，与詹天佑等 120 人一同入选首批官派出国的留学幼童，进入上海出洋总局学习，成绩优异，不久即随容闳赴美国，进入康涅狄格州的诺维奇自由学校，先学习理化，后来又攻读轮机、航海等专业。

当时，深陷帝国主义侵略、丧权辱国苦难之中的清政府，为增强

沈寿昌

保卫海疆、抗击外侮的军事力量，决意创办海军，因急需相关人才，下令召回出洋学生。1881 年，沈寿昌奉命回国，被派到"威远"舰上实习，不久就因出色的工作表现，任命为二副。

光绪八年（1882 年）夏，朝鲜政局发生动乱，日本乘机进行军事干涉，派遣多艘军舰载兵到达朝鲜，占据仁川、济物浦等地，日本公使花房义质则率兵进入汉城（今首尔）。清廷电令北洋水师提督丁汝昌率"威远""超勇""扬威"三舰东渡，其中"威远"为护卫舰，以观察形势并援助朝鲜。抵朝鲜后，丁汝昌得知日本决意以武力干涉朝鲜，便急忙乘"威远"号立即回京请求增加兵力。清政府加派"日新""泰安""镇东""拱北"四舰东进援朝，仍以"威远"为护卫舰。由于中国水师的援助，日军见无机可乘，便退出了朝鲜海域。事平后，论功行赏，沈寿昌被提任为"把总"。光绪十二年（1886 年），任"济远"舰大副。3 年后，海军衙门成立，沈寿昌升任署北洋水师中军左营都司。不久，又升为帮带（副舰长），兼领大副。

1894 年夏，日本再次出兵朝鲜，占领军事要地，战争一触即发。李鸿章派"仁"字军五营东渡入朝，"济远"等舰护航。7 月 25 日晨，"济远"舰完成任务，由牙山返航，驶抵丰岛海面时，突然遭到日军"吉野"等三舰的袭击。"济远"管带（舰长）方伯谦临阵脱逃，置全舰安危于不顾，躲入舵房。千钧一发之际，沈寿昌担当起指挥舰艇战斗的重任，他与二副柯建章一起站在天桥上观察敌情，随时准备发起反击。

日舰气焰十分猖狂，其三舰依仗速度快、速射炮多的优势，以"吉野"居先，成鱼贯排列，用一舷齐射的火力向中国军舰猛烈开火。

沈寿昌向管带方伯谦请令开炮迟迟未得回应，与二副柯建章商定后，当机立断，登上瞭望台屹立司舵，指挥炮手进行反击。顷刻之间，丰岛海面炮声轰鸣，硝烟升腾。"济远"所发炮弹多次命中日舰"吉野"，但由于炮弹威力太小，迟迟没能击沉敌舰。正在双方胶着不下之际，日舰一发炮弹命中"济远"号瞭望台，沈寿昌头部受伤，当场壮烈牺牲，年仅 32 岁。在炮台督战的二副柯建章也因前胸中弹而阵亡。

面对副舰长、二副都已殉国的惨烈场景，"济远"舰上的全体士兵舍生忘死坚持反击，其中一名叫李仕茂的水手连续四炮命中"吉野"，大挫其势，但可惜还是因炮弹威力不够，未能致命，中日舰艇往来鏖战达 1 小时 20 分，最终"济远"得以安全返航。清廷为褒奖沈寿昌的忠勇，将其追赠为总兵。

沈寿昌从清末乱世中的浦东走出，走向大洋彼岸的另一番天地，在学习了西方发达国家的先进科学技术、看到了当时中国与世界的差距后，更坚定了挽救民族危亡、图谋国家复兴的宏图大志。他在清朝水师中任职 13 年，刻苦钻研海事技术，身先士卒带兵训练，处处以国事为重，而鲜少顾及个人和家庭，留下了很多为人传颂的事迹。他面对强敌迎难而上、视死如归的精神，在中国海军历史上写下了浓墨重彩的一笔。

当年沈寿昌的灵柩从威海运回上海，安葬在嘉定桃浦镇一个名叫"三千里村"的地方。1964 年 4 月，与上海铁道学院相邻的李子园因平整土地，发现沈寿昌墓，随即改葬于原铁道学院北侧小河边、现同济大学沪西校区内。1998 年秋，校内建成了沈寿昌墓址纪念碑，2005年被评为普陀区第一批爱国主义教育基地。

沈杏苑：名医风范，勉力兴学

熟悉浦东沿江片的市民都知道，洋泾地区有一条颇有历史气息的道路——"沈家弄路"，而这条路的得名，则与一位浦东名医沈杏苑有关。

沈杏苑（1870—1956），字文彬，世居浦东洋泾沈家弄（今属洋泾街道），是上海著名的内、外科中医师，浦东同乡会理事。少小聪颖，并受家传影响，曾经跟从名医徐建村学医。后来留学日本6年，攻读西医，成为当时浦东地区为数不多的中西医皆擅的名医。

从东瀛学成归来后，沈杏苑在家中开设诊所。因他医术精湛而又为人仁厚，颇得病家信任和百姓尊敬，慕名求医者纷至沓来。在他的行医生涯中，留下不少传奇的故事。上海郊县农民因日晒雨淋、风寒侵袭，患有腰腿疼痛者很多，还一度流行钉螺传播的血吸虫病，俗称"大肚子病"，病残率和死亡率很高。沈先生根据本地水土，运用中国传统的"四诊八纲"及针灸、推拿、拔罐、草药等多种手法治疗，效果神奇。他对贫困病人不但不收钱，还进行救济，如遇重症病人，即使三更半夜，都坚持义务出诊。

沈杏苑建造了融合上海石库门和欧洲别墅建筑风格的沈宅，人称"沈家花园"。随着众多居民来到沈宅周边定居，宅前逐渐形成一条弄堂，人称"沈家弄"。沈宅庭院内种有数株广玉兰，已长成参天大树，现成为上海市人民政府编号保护的古树名木。

清光绪三十四年（1908年），沈杏苑发起募款，在宅前修筑横贯东西的道路，这就是今天的沈家弄路，著名营造商杨斯盛是其中的主要出资人。道路从黄浦江边的陆家渡向东延伸至洋泾镇，是浦东早期东西向的一条交通要道。

1906年，以李平书、黄炎培为首的浦东有识之士为了阻止西方列强从浦东沿江片向腹地的蚕食，向政府提议辟建沈家弄路，并以沈家弄路为界，限制向洋商售让土地。这一卫乡斗争不仅鼓舞了浦东新兴士绅和市民群众的爱国图强之志，也为日后保全浦东地方和推进经济社会发展发挥了积极作用。1996年，浦东南路至桃林路这一段的沈家弄路改名为商城路，原沈家花园的地址也变更为商城路679号。

沈杏苑还热心于教育事业。1906年（光绪三十二年），他与杨保恒创办震修小学堂，就是今天在浦东教育界颇有名望的"二中心"（浦东新区第二中心小学）前身。在兴学过程中，几度遇到经费不足的困境，沈杏苑都挺身而出，慷慨垫资支持。后来，又与人合办了浦滨小学（今浦东新区昌邑小学前身），同时又被聘为浦东中学校医。

新中国成立后，沈杏苑被聘为上海中医文献研究馆馆员，专门从事中医文献研究，将其家中所存之中医各科珍本及处方草本共3000多册，悉数捐赠给该馆。其著作有《药论》一书，现存抄本。

谢源深：创设浦东塘工善后局

谢源深（1869—1921），字志澄，号酉山，浦东陆行谢家宅（今金桥镇）人，浦东塘工善后局的创始人、局董。谢氏是医药世家，谢源深的父亲谢锡祉医术精湛，乐善好施，诊病过程中遇有贫病百姓，一概不取酬劳，在浦东民众中享有很高的声誉。

谢源深自幼天赋聪慧，读书过目成诵，清光绪十三年（1887年）入县学读书。光绪二十年（1894年）考中举人，但是他审时度势后，认为"逆知时局日危，文字不足以济变，决计不应会试，专致力于乡里公益"，下定了投身实业救国的决心。

光绪三十一年（1905年），浦东发生海潮决堤灾害，谢源深亲任修筑之事，日夜奔波，不辞辛劳。堤坝修筑完成后，他开始思谋长治久安之计，第二年便联合朱有恒、朱有常、朱日宣等名士，上书上海知县汪懋琨，提议创办"浦东塘工善后局"，办公地点设在东沟（今浦东高行镇），从事浦东河道、河塘疏浚和滨江道路建设等。

而事实上，在后来的实践中，浦东塘工善后局的职能极为广泛，除疏浚河道、修培塘身外，还承担了修建道路桥梁码头、清理公地契地、设置轮渡和陆上交通、兴办医疗教育设施等公益事业。在高庙、陆行等地他创办过多所小学，规划周详，成就甚众，其中以宣统二年（1910 年）与朱日宣一同创办的"问道小学"最为知名，至今仍是流传在浦东教育界的一段佳话。问道小学 1956 年改名为庆宁寺小学，现为上川路小学。

自 19 世纪 80 年代起，从陆家嘴到北洋泾之间的浦东沿江段已陆续被外商码头、工厂占据，多家外商抢占滩地时少报、瞒报土地以逃避征税，有的甚至还向江心扩展。面对此状，有着强烈民族责任感的谢源深广为踏访调研，寻找应对之策。他拟定了浦东的建设规划详案，呈送上海知县汪懋琨，其中有言：

> 浦东本来未开租界，而沿浦滩地大多已售。今吾华民知识渐开，力图进步，一旦振兴实业，倘欲设立厂栈、建筑码头，转使无地可寻。即各处航船义渡，已无停泊之所。……时若不设法限制，将来浦江两岸皆由地贩暗将沿浦塘基、塘沟留步免科。

谢源深还建议将沿浦滩地由政府投资进行建设和改造，防止私人或外商肆意侵占；沿浦修筑马路，防止外商继续扩大建设。

从 1906 年起，在中国政局十分动荡的年代，谢源深与塘工善后局的同仁，不屈不挠地与侵占公地的日商三井、川崎，美商合义、美孚，英商太古、亚细亚、开平、和丰、怡和等数十家著名洋商进行严正交涉，不辞辛劳地勘测、谈判、上书，前后办结 44 个案件，终于迫使洋商退让，或补缴钱款，或退还占地。更难能可贵的是，谢源深将塘工善后局维权所得悉数向政府报账，全部用于开展市政建设和公益事业，这份爱国爱乡、造福桑梓的崇高情怀令人肃然起敬。

谢源深为人低调，平日深居简出，不以声名自居，但凡遇到乡里争议，乡民多请他出面调解，主持公道，时人称其有隐君子之风。

谢源深与朱日宣二人主持塘工善后局各项事务，一直到1921年去世。谢源深生前有疏浚严重淤塞的黄浦江支流咸塘浜的计划，他去世后，塘工善后局继续推进，于1922年完工，并用挖出的泥土填筑了南起张家楼、北至六号桥的沿浜道路。工程竣工后，为缅怀这位为浦东市政建设和民生福祉作出杰出贡献的名人，就将这段道路命名为源深路。

陈桂春：浦东最早医院的创始人

位于浦东南路和浦东大道交汇处的东方医院，是浦东最早的医院，也是一家三甲综合性医院。说起它的诞生和发展，浦东近代实业家陈桂春功不可没。

陈桂春（1873—1925），祖籍福建长汀，早年居住于浦东烂泥渡（今属陆家嘴地区）。幼年失孤，家境贫寒，由兄嫂抚养长大，经历颇为坎坷。成年后，先在黄浦江上当摆渡工，后来从事驳运，靠着聪明才智和吃苦耐劳的品质，事业逐渐发展红火。

清光绪二十二年（1896年），中国开始大规模兴建铁路，陈桂春除了经营驳运业以外，还兼营两路局（沪宁、沪杭甬铁路局）的供煤任务和枕木驳运的负责人。历经不到二十年的经营，陈桂春就在浦东实业界成就斐然。

陈桂春具有心系民生、兼济天下的家国情怀，事业成功后致力于赈济地方经济社会发展。宣统三年（1911年），上海光复之际，地方警饷无着，几近导致哗变动荡，陈桂春大义担当，临时筹垫巨额资金，为维护上海新生的辛亥政权作出了巨大贡献，被上海新政府授予"见义勇为"匾额。此外，陈桂春还热心教育事业，出资兴建了警局路小学一所，平均年捐经费千余金。

在陈桂春发起或参与的众多公益事业中，最为著名的当属浦东医院（现东方医院）。

近代浦东原先卫生事业较为落后，没有正规医院，一般老百姓得了病只能去一些私家诊所或找"江湖郎中"草草对付。加之许多地方卫生条件恶劣，喝不到自来水，垃圾粪便随处可见，蚊蝇飞舞，因此霍乱、天花、伤寒、脑炎等传染病流行猖獗。

由浦东一批爱国乡贤士绅发起，致力于创办实业、投资公益的民间组织——浦东同乡会成立后，对此情景痛心疾首，萌发了在浦东建造现代医院的设想。

1920 年春，陈桂春发起在陆家嘴地区兴建医院，得到浦东同乡会及上海滩诸多名流支持。海派书画领袖吴昌硕曾在烂泥渡居住过，当年因为浦东地区落后的医疗条件，使他的长子吴育病亡，因此他听闻陈桂春欲兴办医院，便多次与王一亭等书画家到"颍川小筑"创作书画进行义卖，然后将所得捐助给陈桂春。

医院定名为"浦东医院"，地址在警局路（上海解放后改东宁路）229 号，陈桂春出任第一任院长。

医院开办后，日常经费均由浦东同乡会资助，到 1933 年正式由浦东同乡会接管，改名为"浦东同乡会附设浦东医院"，院址不变，规模略有扩大，并成立了董事会及管理委员会，订立了医院管理章程。当时的浦东医院设有内科、外科、妇科、产科、儿科、耳鼻咽喉科、皮肤花柳科等科，所用药品均由药剂所管理，另设医务部管理医务保障事宜，医院管理层设有院长、医务主任、事务主任等职。章程中还规定了财务收支、预算管理等制度。从中可以看出，浦东同乡会、医院管理委员会和医院三者之间既密切联系，又职责分明，医院管理运行机制规范、严密、民主，已具备现代综合性医疗机构的特征。

1922 年，陈桂春在陆家嘴置地建造了一处融东西风格的庭院式住宅，就是今天位于陆家嘴中心绿地南侧的"颍川小筑"。该建筑现作为吴昌硕纪念馆对公众开放，可以说适得其所。

叶进财：凝聚着两代人兴学梦想的进才中学

叶进财（1904—1969），字进才，浦东江镇（今祝桥镇）人。幼时因家贫而被迫失学，14岁离乡，拜师学习木匠手艺。由于头脑聪敏、不怕吃苦，他的手艺日益精进，而且还学到了木作坊的很多经营之道，24岁即自组叶财记营造厂。

叶进财为人敦厚，恪守诚信，作业严谨，很得客户好评。未经几年，即跻身上海建筑业前列，且颇具声誉。

抗日战争胜利后，叶进财获得台北市承建工程资格，于是举家赴台北市发展，成立叶财记工程公司。其中标承建了防务部门医学院、三军总医院两个军方项目后，声名迅速鹊起。鼎盛时期竟囊括了台北全市近乎一半的重大工程项目，特别是敦化南路、信义路、仁爱路等主干道沿街两侧的很多办公大楼、高档住宅都是出自"叶财记"之手，因此享有"叶半城"之誉。

叶进财一生识字不多，人生际遇颇为操劳困苦。早年失学的经历，使他愈加感觉到文化知识的重要，因此晚年常念如有机会返乡，一定要兴学以造福桑梓。可惜天不假年，愿望未成，病逝于台北。其子叶根林大学毕业后继承叶财记工程公司，苦心经营，终执台湾地区建筑业牛耳。

1992 年，叶根林在浦东开发开放国家战略的感召下，带着先父的遗愿回到大陆，向上海市教育局提出要到家乡江镇办学的设想。时任局长袁采从地域、师资、生源等诸方面因素同叶根林进行了深入探讨，使他接受了"浦东大家乡"的观念，将校址选在位居陆家嘴金融贸易区重要位置的杨高路民生路交会处，以"进才"为校名，一方面对应父亲的字"进才"，一方面也含有"广进人才"的寓意。

叶根林为进才中学的建设投入 1.3 亿元巨资，浦东新区无偿划拨150 亩土地，市教委投资教学设施。当时浦东新区管委会十分重视学校的建设，先后 10 余次会同各相关职能部门商议建校事宜，决定投资与叶氏同等的财力支持这项大工程，因此学校建设实际耗资为 2.6亿元，这在当时的浦东是一笔非常大的投入。

令人扼腕的是，叶根林未能亲眼看到学校的建成，便不幸病逝，后续建造管理事务是由他的妻子叶周妙凤女士全身心完成的。学校建成后，叶进财的半身铜像矗立于教学区中央以示纪念。叶氏两代慷慨无私捐资兴学的事迹，在海峡两岸传为美谈。父子两代人的一片赤诚之心，在进才庄重典雅的校园中粲然生辉。

进才中学是上海市第一所现代化寄宿制高中，也是上海市首批获实验性示范性高中称号的三所中学之一。学校办学理念先进，师资力量雄厚，教学水平在浦东高中学校中位居一流，在浦东开发开放之初教育事业的发展中起到了引领示范作用，为社会输送了大量优秀人才，为众多学子所向往。

马小弟：领导工运、保卫海疆的壮丽人生

马小弟（1913—1967），又名马伯良、马金根，浦东洋泾陶家宅人，上海工人运动的优秀领导者。

因家境贫寒，马小弟 12 岁起便开始四处做工，1938 年进入英商马勒船厂（今沪东造船厂前身）打工。在中共地下党员毛良的引导教育下，他萌发了进步思想，积极投入抗日救亡运动，团结工人群众，发动"抗征兵、抗拉伕"罢工斗争。在此基础上，成立了厂工会，办起了工人食堂、工人消费合作社等福利，在工人群众中享有较高的威信。

马小弟于 1940 年加入中国共产党，因他家在工厂附近的农村，地僻人稀，成为地下党发动各船厂工人群众进行抗日救国活动的场所。

第二年，马勒船厂被日军占领，他转到日商第三机械制作所做工，不久就培养和发展了一批勇于斗争、善做群众工作的积极分子。针对侵华日军制造柴油机供应海军小快艇和制造迫击炮弹屠杀我军民的阴谋，他在不暴露自身力量的情况下，组织发动各种罢工、怠工，并在生产中以次充好、混入杂物，当时称之为"无头"斗争，堪称智勇双全。1945 年抗战胜利时，他组织工人纠察队员集体住进工厂，进

行护厂斗争，并将这一行动在各行业工人代表中推广，短短两三天内就有 120 多名工人代表齐聚一堂，组成了 49 厂联合工会，马小弟任联合工会主任。

1946 年初，马小弟组织发动 1 万多名失业工人，冲破军警包围到市府请愿。此举动静较大，引起了敌人注意，组织上将他的工作调整为负责党内组织工作。此后，他先后担任中共沪东重工业委员会委员、中共上海市机器业委员会委员等职，在筹建四区机器业工会、组织参加"反内战、争和平"示威游行、反对冻结生活指数等斗争中，都做了大量工作。

1948 年，"申九"事件发生，他领导沪东地区机器业工人及联合全市有关行业，召开"申九惨案"控诉会，组织"申九后援会"。国民党军警几次想抓捕他，由于工人群众的积极掩护，未能得逞。上海解放前夕，在国民党军警的"大逮捕"中，马小弟先后两次组织和带领部分同志疏散到外地，后来转入解放区随军南下，任重工业大队队长。当时他家里有 6 个年幼的子女，经济极为困难，幸得马勒船厂工友们的大力资助，终于渡过难关，从中也可见他在工人群众中的崇高威望。

1949 年 5 月 27 日上海解放后，马小弟回到上海工作，以更为蓬勃的革命热情，组织和发动工人恢复生产，支援前线，在突击制造大批机帆船、紧急修建龙华机场油库、抢修南京号长江渡轮以及制造水利设备等工程中作出了积极贡献。上海解放后，他历任上海市工会联合会副主席、上海炼油厂厂长、沪东造船厂厂长、西安 408 厂厂长等职。

其中，在沪东造船厂建造 6621 型导弹艇，是他后半程人生履历中浓墨重彩的一笔。

该型导弹艇是新中国最早装备的导弹艇型号、构建"空潜快"海防体系的重要组成部分，原计划完全依照苏联提供的技术援助建造，但是当时其核心技术尚未成熟，苏联也是处在"边建造边修改图纸"的摸索阶段，导致工程经常不得不中途暂停。马小弟率领全厂干部职工，以咬定青山不放松的拼搏精神，克服巨大的困难，奋力攻关，终于在 1963 年 8 月实现首艇下水。旋即，马小弟离开上海，被组织派至西安 408 厂担任厂长。

老路名、老地名和老建筑

烂泥渡路

很多新上海人、新浦东人或许不知道，在如今高楼林立的陆家嘴滨江核心地块，曾经有过一条名字不那么雅的路——烂泥渡路。

早期浦江两岸的交通全赖轮渡解决，没有桥梁、隧道等现代化越江交通设施。早在明嘉靖年间，洋泾、东沟等地已设有政府管理的官渡，清代起官渡改为义渡，设义渡管理局，购置船只、渡工薪酬等经费都靠地方热心人士支持。至清嘉庆十三年（1808年），浦东沿江已形成老摆渡、杨家渡、赖义渡等8个远近闻名的渡口，时称"八长渡"。

上海开埠后，浦西外滩沿岸逐步繁荣，临江洋楼林立，其中最热闹的铜人码头（今南京东路外滩）对面，正是浦东的赖义渡。地理位置得天独厚的赖义渡，后经浦东塘工善后局重建后面貌一新。随着周边居民和渡客的不断增加，建起了鳞次栉比的店铺，渡口前逐步形成一条南北向的商业街。1904年整修为弹格子路面后，把这条路定名为"赖义渡路"，这也是陆家嘴地区沿江最近的南北向道路。海派书画领袖吴昌硕初来上海时，因浦西房租昂贵，就在赖义渡路租了两间简陋的农舍，正式开始了他在上海的鬻艺生涯。吴昌硕的孙子吴长邺回忆说："老人在浦东烂泥渡的生活一直铭记在他心上，他要儿孙们记住那段穷苦的日子。"

20 世纪初，随着沿江地区厂房、码头、堆栈的建设发展，人员日益聚集增加，街上茶楼酒馆、南北杂货、香烛锡箔、新老当铺等密布，就连浦东地区创办的第一家银行——浦东商业储蓄银行也专门设置了赖义渡分行。据《申报》1919 年 4 月 24 日报道，"烂泥渡市尘繁盛，客民聚集，已成五方杂处之区"。

抗战爆发后，赖义渡路沿街商铺绝大部分毁于日军炮火，商业街不复繁盛，赖义渡码头也逐渐湮没，移作客栈。劳苦民众在道路两边搭起窝棚简屋，但卫生条件甚差，根本没有相应的配套设施。随着路面渐渐失修，一遇雨天泥水淤积，居民和行人都苦不堪言，赖义渡路遂成了一条"行人路过，没有好衣裤"的破路。

由于"赖义"两字在上海话中与"烂泥"谐音，加上如此环境，民间喜欢将"赖义渡路"叫成"烂泥渡路"，久而久之，一般人只知"烂泥渡"而不知"赖义渡"。1987 年 8 月，陆家嘴街道还曾设立了烂泥渡路居委会。今天，当我们在陆家嘴的高楼俯瞰浦江两岸盛景，再对比老照片里烂泥渡路居民穿梭在低矮棚户、室外环境脏乱不堪的情景，会由衷地发出"当惊世界殊"的感慨。

杨家渡

杨家渡是昔日著名的黄浦江上"八长渡"之一，地处张杨路西端，靠近黄浦江边。这一带原来有条杨家浜，通往黄浦江。浜的西段南侧有芦苇荡，有杨姓船民泊居于荡内，以割卖芦苇为生，因此称为"杨家荡"。又因杨姓船民同时还兼营摆渡，这个渡口又称"杨家渡"。

明万历年间，杨家渡附近开始逐步有居民定居。清康熙年间，人口日益增多，开辟渡口，并辟建了杨家渡路，之后还不断向东延伸。到 20 世纪 20 年代，这一带已云集了南北杂货、米面油酱、饭馆酒店、茶园书场等百余家店铺。

杨家渡初设时也是义渡，后来改为济渡，酌收渡资。1937 年抗战全面爆发后，渡口被日军封锁而停航，周边的市面也冷清下来。1945 年抗战胜利后复航，先是租船行驶，1946 年即自备轮船摆渡，营业状况日趋好转。

1951 年 9 月，渡口原承办人与他人合伙组建了杨家渡轮渡公司。1956 年公私合营后，该公司以资产入股方式并入上海市轮渡公司，更名为杨复线（杨家渡至浦西复兴东路）轮渡站，岸线长 30 米，并废除了早期的轮拖划子，改用渡轮摆渡。1978 年又对轮渡站进行了改扩建。高峰时期，杨家渡日均服务过江乘客约 5 万人次。随着大桥、隧道等快捷便利的越江交通建成后，杨家渡也渐渐退出了历史舞台。

　　经过 30 年波澜壮阔的奋斗征程，浦东开发开放取得了举世瞩目的成就，特别是陆家嘴沿江地带更是蜕变为高楼林立的金融商贸胜地，曾经的杨家渡也已成为浦东繁华时尚的商业中心。

花园石桥

这是一个有着 250 多年文化底蕴的美丽地名，小陆家嘴地区唯一一条保留历史路名的道路，东西走向，长度仅 300 多米，如今它夹在高楼大厦之间，并不引人注意。

清乾隆年间，有顾姓人家来此定居，定居点西近黄浦江，地势平坦，旁边有条小河自东向西流过，与不远处的防潮护塘沟交汇后流入游龙港，河流交汇处架有石拱桥一座。顾姓人家定居后在护塘沟旁广种花木，久而久之，形成桥在花木丛中若隐若现的美景，"花园石桥"逐渐名闻遐迩。事实上，这花园石桥就在陆深的后乐园之南。

到 20 世纪初，随着经济发展和人口增长，花园石桥西面的护塘沟逐步发展成一条商业街，用江边赖义渡码头为名，称"赖义渡路"，俗称"烂泥渡路"。商业街上还建有影剧院，原名大兴舞台，后改称"大兴影戏院"，"日夜开映中西各种最新出品及有价值之影片"，票价分为一角、二角两种，为吸引观众，还经常随票赠送礼品。

20 世纪 30 年代，小河和游龙港淤塞，石桥坍塌，1935 年在建造浦东自来水厂时，人们在淤塞的河道上填土筑路，命名为"花园石桥路"和"游龙路"。今天的花园石桥路，已成为欣赏陆家嘴雄姿和浦江两岸美景的绝佳地标，在路北侧就是中西建筑艺术完美结合、高420 米的金茂大厦。

洋泾、东洋泾浜、洋泾港

在今天靠近杨浦大桥的浦东沿江地区，有一个经济文化发达、交通便捷的地区——洋泾街道。那是一个历史悠久的地方，"洋泾"是黄浦江水系形成后上海地区"古八泾"之一。

洋泾地区自古河流纵横，河运便捷，早在北宋中期就有移民在此定居。清咸丰十年（1860年），当时高昌乡部分沿江地区组建而成"洋泾乡"，这是现有史料记载中较早用"洋泾"作为行政区域的名称。此后几经演变，从乡、市，到区、镇、街道，蕴含着无数时代的变迁故事。

城市的繁荣，似乎总离不开一条黄金水道，如黄浦江、苏州河之于上海。同样，在很长时期内，洋泾在河运、排涝、灌溉、挡潮等方面也发挥了重要作用。今天的浦东版图上，洋泾港依然还在，但另有一条"东洋泾浜"却杳然无踪了。原来古时的洋泾浜分为东西两段，浦西的洋泾浜，是从黄浦江边流经现四川路、河南路等地到周泾（今西藏中路一带）的一条河道，早期浜边为河滩农田。

上海开埠后，浦西洋泾浜成为英法租界的界河，随着人口不断增加，租界当局逐渐在浜上架桥，两岸也陆续兴建住房，浜水受到污染而污浊，且妨碍交通和卫生，于是英法租界当局开始填浜筑路，形成

洋泾浜

了当时的爱多亚路，即现在的延安东路。

　　位于浦东的东洋泾浜，则是从黄浦江边向东流经十多个自然村，最后注入洋泾镇地区的洋泾港。在清乾隆期间，浜内不仅通船，而且对沿江地区居民点的形成起了很大的作用。

　　乾隆以后，因黄浦江边筑塘挡潮，浜口堵塞，至清末东洋泾浜的西段已经从淤泥堆积发展到完全湮没。后来，人们将湮没的河道填埋筑路，这就是原陆家嘴街道的东宁路。1928年修筑的东昌路也是东洋泾浜的一条支流。

　　源深路以东的洋泾浜东段又称"定水浜"，也在20世纪80年代起逐渐淤塞，后来在市政建设中被填埋掉。浦东开发初期，原定水浜旁边有一条以浜取名的定水路，洋泾镇还曾设立过定水路居委会。而流经洋泾镇的洋泾港，实际上就是除洋泾浜、东洋泾浜之外的第三条洋泾浜——北洋泾浜，人们习惯称之为"洋泾港"。它全长 4.2 公里，北纳黄浦江，南至华漕达，中段贯穿洋泾镇，是浦东北部地区重要的河道之一。

张家浜

张家浜是黄浦江的一条支流，属于浦东新区中部东西向的重要干河，流经陆家嘴金融贸易区、竹园商贸区、金桥开发区等重点区域，全长 23 公里。开凿于清康熙年间，因张姓家族首居于此而得名。到同治年间，逐渐淤塞严重，由农商两界合作进行了疏浚，但因未与附近小河接通，泄水受阻，河床变浅，影响两岸棉粮灌溉。新中国成立后，水利部门分段进行疏浚，使农田灌溉状况大为改观，这一带转为蔬菜作物区。但因黄浦江水从张家浜、洋泾港、马家浜三面流入，潮水相互顶托，泥沙沉淀很快，淤塞风险始终不断。

在上海解放前的困苦岁月里，张家浜流域曾经有大批难民聚居，棚户区、滚地龙集中，河道的自然淤塞加之垃圾、污水任意倾倒，导致环境脏乱不堪，张家浜一度成为人们避之不及的臭水浜。

从 1998 年起，浦东新区政府大力推进"绿色浦东、生态家园"建设，投资 6.17 亿元对张家浜进行彻底整治，终使其从昔日的臭水浜一跃成为水清岸绿的知名样板景观河道，被誉为"浦东的塞纳河"。世纪公园就是利用张家浜河的水形成公园景观，因此到世纪公园游览，即可泛舟其上，感受旖旎风光。2004 年获得国家建设部颁发的"中国人居环境范例奖"，是上海获此殊荣的第一家。

冰厂田

这条充满乡土气息的路辟筑于清末，原是东昌路与陆家渡路之间一条平行的土路，长 592 米，附近有少量散居乡民。光绪年间，有林姓宁波人到这里租地，利用其低洼田地蓄积的天然水开设冰厂，其实就是搭几个人字形大草棚用来保温，由于稻草铺得厚，所以棚内的保温性非常好。冬天把河中冰块储存于棚中，夏天取出卖给医院、菜场等需要用冰的单位。久而久之，这一代就被称为"冰厂田"，光绪年间铺设的一条煤屑路也被称为"冰厂田路"。

20 世纪初，随着工厂兴办和居民聚居，沿冰厂田路两侧先后兴建了荧昌里、汤家弄、浦东里、市范里等居住点，并在抗战时期接纳了很多山东、湖北、安徽、苏北等地逃难到此的灾民，逐步形成棚户集中点。1927 年冰厂迁走，但路名未变。

中华人民共和国成立后，冰厂田的面貌发生了巨大的变化，冰厂田路改铺为沥青路面，棚户区逐步变成了瓦平房和水泥楼房。1952 年路名普查时仍然保留原地名，并在附近建起了冰厂田幼儿园，现已成为拥有三个办学点的市一级示范幼儿园。

塘　桥

塘桥是浦东知名的区域性商业中心，也是大陆家嘴范围内寸土寸金的居住区。考古发掘证明，早在唐、宋年间，塘桥地区已有村落分布，黄浦江的支流张家浜横贯其间，并通达洋泾、严桥、金桥、张江等集镇，享有得天独厚的交通优势。清同治年间，随着商业、手工业逐渐兴起，塘桥地区形成了比较成熟的集镇。

早在清代初年，塘桥已是浦东浦西之间的一个重要渡口，对岸是位于上海老城厢外的董家渡。塘桥与董家渡之间的过江摆渡航线，自清初一直沿用至 21 纪初。民国初，著名的火柴业和毛纺织业实业家刘鸿生在董家渡渡口创办"义泰兴煤栈"，又建张家浜码头，进一步推动了塘桥的经济发展，冶坊、酒坊、染坊、牧场、小型船厂等相继建立，使得塘桥成为邻近乡镇农副产品和手工业产品的集散地。

在 1937 年的"八一三"淞沪会战中，塘桥工商业大部分毁于战火，不久，义泰兴煤栈被日军侵占，大批作坊歇业，商业市场逐渐萧条。抗战胜利后，义泰兴复业，其他商业亦缓慢恢复。

中华人民共和国成立后，尤其是浦东开发开放以来，塘桥依托其得天独厚的区位优势，驶上了繁荣振兴的快车道，逐步建起了大批居民小区和商业设施。随着南浦大桥和轨交线等越江交通的建成，塘桥更成为通往浦西和浦东腹地的交通枢纽。

庄家桥、庄家宅

在浦东南路、东昌路交会处以北，曾有一个浦东人十分熟悉的地名——庄家桥，很多公交车站都在此设站。当年的庄家桥一带是浦东最为兴旺的地段，主干道浦东南路上车辆川流不息，周围商铺、企事业单位云集，是浦东人口密度最高的地区之一。

庄家桥一带古有东洋泾浜横贯全境，清乾隆年间来自浙江宁波的庄姓大户带领族人来到浦东，在洋泾浜南购买大批农田，建宅定居，慢慢形成了一个自然村，就成为庄家宅。1993 年的崂山西路街道地图上，还标有"庄家宅"这个老地名。后来，庄姓的一个分支到洋泾浜北建屋分住出去，为便于南北两宅的往来，庄姓人家在浜上建了一座木桥，"庄家桥"由此得名。

乾隆以后，因沿黄浦江筑土塘挡潮，浜口堵塞，庄家桥一带的河道逐渐湮没。上海开埠后，随着大批移民到来，工厂、商栈不断开设，到 20 世纪 20 年代庄家桥已成为初具规模的集镇。抗战胜利后，浦东南路进行了改扩建，庄家桥优越的地理位置使其迅速成为沿江地区商业繁荣的闹市，作为众多公交车经停的大站，一度拥挤不堪。

在曾经的崂山西路街道辖区内，有东昌中学、浦南中学、东昌消防队等知名企事业单位，高 27 米的东昌消防瞭望塔曾是浦东最高的建筑。1996 年底，随着上海第一条越江轨交地铁二号线进军浦东，庄家宅附近开建东昌路站，1998 年又修建了 100 米宽的世纪大道，正好穿越庄家宅地区，因此这里进行了整体搬迁，庄家宅的居民离开了世代居住的老土地。今天的浦东地图上，已找不到"庄家桥"和"庄家宅"这一地名，但是作为一个记载着前人开发耕耘足迹、曾经有过重要影响的历史地名，历史不应忘记这一页。

严家桥

  浦东有条名为"白莲泾"的水道，引入浦江水，自西向东，蜿蜒曲折，长 22.5 公里，流经严桥镇（现属花木街道），将该镇的新民村和幸福村南北分隔，隔水相望，两村村民及过往客商只得靠小船摆渡，交通十分不便。

  清咸丰年间，新民村的严氏家族集资在白莲泾上建起了一座木桥，桥以姓氏命名为"严家桥"。随着交通的便利，村民纷纷迁居桥堍，开店经商，渐渐形成集镇，于是又有了因桥得名的严桥镇。光绪年间，浦东著名实业家杨斯盛捐资 30 万两银，在严家桥以西的六里桥置地 60 余亩，兴建浦东中学，翌年又捐资将原木结构的严家桥拆除，在原址上进行重建。这座建成于 1908 年的新严家桥长 29 米、宽 3.1 米，是浦东地区桥梁建筑史上第一座钢筋混凝土桥梁，具有特殊的意义。

  1927 年，浦东塘工善后局把连接严家桥北岸和塘桥地区的乡间小道改建为"塘严路"，成为连接两地的捷径，同时也是南下南汇地区的百年古道。

  水陆交通的改善，带动了严家桥及周边经济社会的发展，一时间商贾云集，到上海解放初期，在南北长 114 米的严家桥集镇上已开有

43 家各类商铺作坊，包括烟杂店、酱园、饭店、点心店、米面店等多个品类，其中最为知名的就是 1930 年张贯乡在集镇南端开设的"童涵春"药号。

1990 年 1 月，历经 92 年沧桑岁月的严家桥终因年久失修，桥身突然坍塌，沉入白莲泾中，后来由上海港务局在疏通航道时全部清除，连接桥两岸的通道被切断。但如今此地八方通衢、高楼林立，早已是一派繁盛景象。

凌家花园

距现在的浦东新区行政办公中心向南不远处，是历史悠久的花木镇。据史书记载，其唐代成陆，宋代成镇，明代成市，以种植园林花卉见长。

300多年前，浦东一凌姓富商看中这块宝地，建了一座花园。花园三面临水，园内有亭台楼阁、小桥流水，四季百花飘香，绿树常青，一派秀丽精致的江南园林景致。时间一长，凌家花园独步浦东，成了区域地名。清雍正年间，凌家花园遭受意外焚毁，但凌家的园林技艺却广为传播，在花园附近逐步又有王、罗、徐、张、沈5姓住家，专事种植花木出售，品种达百余种。至光绪年间，在凌家花园方圆数里之内，许多花农自建小花园，毗连不断，达200多户，各式树木花卉郁郁葱葱芳香四溢，尤以桂花树最为著名，成为名副其实的花木之乡。

随着花木种植的繁荣，"花文化""花经济"也得到较快发展，衍生出了每逢农历二月十二"百花生日"的"花神会"，届时大摆筵席，花农欢聚赏花，吸引了浦西浦东的游客，借此扩大销路。"花神会"活动一直延续到1939年，中华人民共和国成立后发展得更快，很多花农开始自建花园，有50多家花园加入了上海花树商业同业公会。

中华人民共和国成立初期，上海市就有在花木地区建"东郊花园"的设想，与西郊公园相映成辉，然而这一设想最后落空。

1978 年改革开放后，沉寂许久的花木乡广大花农又开始掀起种植花木的热潮，家家户户宅前屋后建起了小花园，到处是鲜花飘香、绿树葱茏，成为上海市发展庭院经济的一张闪亮名片。历经数百年的岁月沧桑，这片土地上的花香氤氲、勃勃生机，始终无愧于这个美丽的名字。

天后宫里

　　浦东沿江地区有不少老式里弄，其名称体现出近代历史发展的特征，有以自然地理命名的，有以道路、渡口、工厂、村宅、仓栈命名的，也有带地缘、业缘特色的，成为浦东地名文化中别具一格的元素。其中，有一处鲜为人知的以宗教场所命名的天后宫里，是妈祖文化的体现。

　　天后宫里位于浦东南路以西、潍坊西路以北，因里弄内曾有天后宫而得名。天后宫建于清道光年间，别名"天后圣母行宫"，又称"海神庙"，属道教，是浦东船商为求神灵保佑平安而建造的庙宇。传说有一姓徐的虔诚信徒为报答"神恩"，于清道光时在此自建草屋3间，供奉天后神像。几年后他又把草屋翻建为5间砖木结构的平房，并在宫门前竖起旗杆，"天后行宫"的黄色布幡开始在这里飘起。

　　新的天后宫落成后，浦江船商纷至沓来，进香膜拜，香火越来越旺，尤其是农历三月二十三日天后诞辰日，更是朝拜者云集，热闹非凡。

　　旺盛的香火吸引了众多人家到天后宫周边建屋定居，这里就形成了一个新的居民点，名称自然而然也就用"天后宫里"来命名了。

　　1978年，天后宫里一带进行统一规划的市政建设，张家浜街道地区沿浦东南路计划兴建 24 幢五六层的居民新村，天后宫被拆除。新村楼房因为都沿浦东南路排列，故名"东南新村"。1990 年浦东开发开放之初，在原天后宫的旧址上建起了一幢 24 层的现代化住宅大楼，命名为"天后宫大楼"，在浦东开发开放之初是浦东南路上为数不多的漂亮建筑。今天，当我们站在张杨路上的第一八佰伴商厦南门口，向西南方向望去，高 78 米的天后宫大楼在周边一幢幢充满时尚气息的商城楼宇中早已显得陈旧落后，但是其中的历史意蕴令人寻味。

张家楼

在浦东大道沿源深路一直往南约 3 公里的地方，原有一个名为张家楼的小镇，这里曾是天主教徒最早在浦东定居的地方，也是浦东地区最早出现天主教堂的村落。

明万历三十五年（1607 年），有一位祖籍北京、由意大利著名传教士利玛窦引归入教的张姓教徒随徐光启迁居来沪，后来在浦东为徐氏收田租并筑楼定居，张家楼由此得名，并成为浦东最早有天主教徒的村庄。

为了宗教活动的方便，清乾隆三十九年（1774 年），张氏后人在张家楼建造小堂一所，取名"寻获十字架堂"。随着信徒的日益增多，小堂渐渐难以容纳，在清道光年间进行了翻修扩建。在其后的近百年中，又经过多次扩建，内部装修成西方宫殿式，堂为十字形，并建有圆顶钟楼，成为浦东沿江一带可容纳近千人的天主教堂，教堂的名称也定为"耶稣圣心堂"，不过广大教徒仍习惯以地名称呼其为"张家楼天主堂"。

张家楼在历史上被认为是近代上海天主教的发祥地。1933 年，张家楼总铎区成立，在周边信众中声望日隆的耶稣圣心堂自然而然地成为总铎座堂。

张家楼天主堂还以修道人数众多而著称于上海教区，仅 1925 年至 1935 年的 10 年中，男女神职人员就多达 28 名，其中著名的有 1956 年代理上海教区主教的张士琅神父。随着浦东开发建设的不断推进，考虑到源深路一带逐渐建起了多座天主教堂，张家楼天主堂迁到了金桥开发区。经过 3 年建造，一座崭新的张家楼天主堂矗立在红枫路边。

历史上的张家楼村，由于交通便利、店铺众多，加上天主教徒的宗教活动，成为洋泾地区一个热闹的农村集镇。1958 年起辟建的交通主干道张杨路，也是因西接杨家渡路、东近张家楼而得名。昔日的张家楼村整体动迁后，曾经与教堂同沐风雨的老香樟得以完整保留下来，成为上海市古树办公室编号保护的古树名木。

颖川小筑

在今天陆家嘴中心绿地南侧、东方明珠电视塔的东南面,坐落着浦东近代实业家陈桂春的旧宅——颖川小筑。

陈桂春从事驳运起家后,热心公益,积极致力于赈济地方经济社会发展,晚年时在陆家嘴置地建造私宅,以祖先的发祥地颖川(今河南登封一带)命名,颖川小筑由此而来。

颖川小筑于1925年落成,是一座坐北朝南的红砖高墙大院,门额上塑有"颖川小筑"字样。总体呈长方形,占地面积约5亩,建筑面积为2765平方米,砖木结构,建筑风格上融东西方风格于一炉。进入大门,过门道是天井,中央为正房,两边是花园,再往里是前后两厅,中隔大天井,两侧为厢房,正面有长方回字形的走廊纵横回绕。

全部房屋布局对称规整,除客厅以外,共有大小房间48间,分为卧室、浴室、书房、餐厅、休息室、茶室,内置中西式家具。主楼两侧靠近围墙另建两排平房共22间,主要用作佣人居住、工具杂物贮藏、餐厨、车轿、织造等生活配套用途。正屋后面还建有小庭院和花坛等。

大院房屋采用高低错落的西式三角形山花墙,又配以中式青红砖

木交互砌成的平房结构，前后两厅雕梁画栋，门窗窗棂精细地雕刻着惟妙惟肖的人物、花鸟，在大厅梁上还刻有整套三国故事，后厅12扇隔花门，裙板上刻有12个月的时令花卉，栩栩如生。屋内所用木材均精选优质楠木和红木，具有一种天然的纹理与光泽，外层上釉或涂以生漆，历经岁月洗礼，几乎无油漆剥落的状况，一年只需擦拭一到两次，始终亮洁如新，并叩之有声。颖川小筑是典型的早期中西文化结合的产物，反映了中国建筑发展的时代变迁，也在某种程度上体现了近代民族资产阶级的生活方式。

颖川小筑在抗日战争中横遭劫难，屋内的名贵摆设、挂件、字画等都被洗劫一空，房屋还被日本宪兵司令部占据用来关押抗日志士，甚至有不少英烈被残忍杀害后弃于深井中。抗战结束后，这里被国民党上海警备司令部特务机关占据过，中共优秀党员李白曾被关押于此，后与其他11名烈士一同从这里被押赴刑场，英勇就义。

浦东开发开放后，此处地块面临拆迁，但颖川小筑作为浦东历史文脉的一个标志性建筑，最终得以保留，现已成为区级文物保护单位，并作为吴昌硕纪念馆向公众开放，以纪念这位海派书画大师在浦东度过的那段岁月。与陆家嘴地区诸多高楼大厦相比，它别有韵味，又珍贵无比。

喻氏民宅

喻氏民宅位于今浦城路、东昌路交会处，原陆家渡路 215 弄 58 支弄 81 号，当时，在一片普通平房之中，这座近代建筑显得格外精良。

房屋的原主人名叫喻春华，他早年在黄浦江上做水上运输生意，发迹后聘请工匠营造此宅。民宅面积为 600 平方米，坐北朝南，中轴对称，为正两厢式建筑。有正房五间、东西厢房各二间。房屋建造工艺精湛，具有浦东近代建筑中西合璧的特色，正房、厢房及门亭上皆是雕梁画栋，镌刻着富有传统民俗特色的山水花鸟和人物故事。门框是水泥质地，装饰有几何形图案的巴洛克风格门柱。房屋外立面以黑、青、红三色为主，黑瓦、青砖墙面和红砖腰线构成了庄重典雅而不乏灵气的色调。

2000 年 9 月，此宅所处地块面临动拆迁，为兼顾城市建设和文物保护的需要，经过各方共同努力，达成共识，决定选址高行镇解放村牡丹园，异地原貌迁建喻氏民宅。迁建工程于 2002 年 9 月竣工，修复后的喻氏民宅遵循了"修旧如旧"的原则，外立面不作任何改动，内部结构稍加处理，得到了喻氏后裔、业内专家和市民群众的认可，被列为区级文物保护单位。此后，区文物保护管理署在民宅内开设了浦东民间收藏陈列馆，成为浦东新区首家民间收藏陈列馆。

钦赐仰殿

当市民漫步于源深路上，在源深路与张杨路的交界处，可以看到一座古色古香的道教建筑，这就是浦东地区最大的道观——钦赐仰殿。秦荣光《上海县竹枝词》有记载："东岳行宫在浦东，相传唐敕建兴工。信官叔宝秦监造，钦赐还称仰殿雄。"

钦赐仰殿又称"东岳行宫"，是上海道教正一派的主要宫观之一。其始建的确切年代，现已难以考证。据传，此殿是三国时东吴孙权所建，原是供奉驱蝗神金四娘，所以称为"金四娘殿"。其实"钦赐仰殿"应为"金四娘殿"之同音讹传。又有传说，曾发现殿的梁上有"信官秦叔宝监造"字样，而秦叔宝（秦琼）是唐太宗手下的一员猛将，因此说成是奉唐太宗之命建造，"钦赐仰殿"之名由此而来。改称为"钦赐仰殿"后，主殿不再供奉金四娘，改为供奉东岳大帝，因此又称"东岳行宫"。

钦赐仰殿原占地面积多达20多亩，经过多次倒塌、重修，现占地面积缩至5.7亩。据《同治上海县志》记载，"钦赐仰殿久祀，乾隆三十五年（1770年）重建"。

经过1770年这一次较大规模的重修后，建有山门、主殿、大殿和附屋20余间。主殿南正面是山门，两旁各有边门，步入山门是一宽大的庭心，再往内是主殿和大殿。主殿供奉东岳大帝，大殿供奉玉清元始天尊、太清道德天尊、上清灵宝天尊，被称为"三清宝殿"，另建有秦广殿、阎罗殿、城隍殿、关帝殿等 10 多个殿，共有泥、木、石塑雕的神像 600 余尊。

钦赐仰殿整体风格雄浑庄严，内部装饰精工细雕，加之来自帝王敕建的传说，慕名拜谒者纷至沓来，特别是每年的 3、4、7、9 月份，香客络绎不绝。逢农历三月二十八日东岳诞辰日，有"莲传会"，香火鼎盛非凡。

后来由于年久失修，殿宇多次倾倒。改革开放以后，于 1982 年重修了三清殿，置楼台、设偏殿及供香客食宿的场所。钦赐仰殿现已基本恢复原貌，是上海一处知名的人文景观。

近代工商市政掠影

浦东近代化的起步

码头仓栈几无隙地

船舶修造业的重要中心

造纸、纺织、火柴业三足鼎立

"浦东第一银行"

市政公用事业相对落后

浦东近代化的起步

鸦片战争后，随着一系列不平等条约的签订、通商口岸的开放，列强纷纷在上海划地建立"租界"，浦东的传统社会秩序也随之打破，西方工业机器逐渐取代农耕文明的简单劳动方式，社会生产力水平不断提高。以沿江区域近代工业的发展为动力，外来人口大量涌入，城市设施陆续兴建，浦东差不多与浦西同时走上了近代化的道路。

这个过程大致可以分为三个阶段。

从 1843 年到 1894 年这半个世纪，是浦东近代化的发轫期。上海开埠后，对外贸易量大增，商船往来频繁，航运业得到较大发展，近代船舶修造业兴起。货物的流转运输又需要大量的码头仓栈，于是近代化的码头仓栈业又随之在浦东沿江发展起来。通商口岸开放、外国资本进入中国市场，催生了近代工业。到 1894 年，上海的进出口贸易年均已占全国半数以上。为适应进出口贸易发展需要，洋行、港口、航运业迅速发展，造船、修船、缫丝、轧花、制革等外商加工企业纷纷涌现。

从 1895 年到 1937 年，也就是甲午战争后至抗日战争全面爆发，这四十多年的时间是浦东近代化的发展期。随着中日《马关条约》允许外商在中国投资设厂，码头、工厂在浦东大量兴起，工业门类拓展

1843 年 11 月 17 日，上海正式开埠后，外国商船接踵而至。很快，上海成为中国最大的港口，超过了广州，成为"五口"之首

很快，纺织、钢铁、火柴、造纸等近现代主要工业门类纷纷落户浦东，完善了浦东的工业体系。企业的大量开设必然带来对劳工的大量需求，作为浦东沿江近代工业策源地的陆家嘴，迅速成为人口集聚、商业勃兴之地，体现出开放包容的社会风尚。1919 年的《申报》曾有记载："烂泥渡市尘繁盛，客民聚集，已成五方杂处之区。"

甲午战争后，列强继续把上海作为对华倾销商品和收购原料并用以出口的主要基地，开始大规模输出资本，广泛投资各行业，其中棉纺织业和卷烟工业成为规模最大的两个产业。同时，近代金融业开始形成，1847 年上海出现首家外商银行——英商丽如银行，至 19 世纪末已有英、美、日、法、俄、德、荷、比等多国银行在沪落地。官办军用工业、官督商办工业和华商工业迅速崛起，其中船舶修造、军事工业、纺织业在全国居领先地位。到 20 世纪初，上海在全国的经济地位基本确立，打下了发展成为远东第一大都市的基础。

从 1937 年到新中国成立前，浦东近代化发展进入停滞期。淞沪抗战爆发后，浦东沿江一带的工厂、码头纷纷毁于日军战火，"沿浦厂栈均付一炬"，烂泥渡精华区也被大火夷为平地。1937 年《申报》记载："浦东医院（今东方医院）以西之警局路上及医院南首，毁去一百余间。吴家厅焚毁平房百数十间，太古公司栈后面之怡和房产悉付一炬。"损失最大的是工厂码头和堆栈，其次是楼房民居，一时间数十万市民流离失所。

日军将陆家嘴、东昌路一带作为军事据点，为更好地为其侵略目的服务，对军工生产的支柱产业——造船业、码头业等实行"军管理"。太平洋战争爆发前，日本已攫取浦江两岸 35 座码头，其中浦东21 座。同时还实行垄断式的经济统制政策，将本土供电、供水企业收编。这一时期，上海的中外工厂、企业大都停工停业，或处于日伪控制之下，部分民族工业被迫迁往内地，浦东近代化进程停滞。抗战胜利后，国民政府统治期间，洋货大量充斥，通货膨胀恶性发展，工业生产陷入严重困境。

码头仓栈几无隙地

上海开埠后，因其通江达海的地理优势，很快发展成为全国的航运中心，传统的沙船业失去优势。随着外国资本在上海的渗透，他们开始看中与外滩仅一江之隔的浦东地区，特别是地理位置独特的浦东沿江带，陆家嘴成为洋商抢占的重点地区。

洋商凭借不平等条约大肆抢占浦东沿江岸线建造港口、码头、堆栈。自咸丰三年（1853 年）英商在塘桥建立第一个外商码头起，至1866 年建有立德成、广隆码头、李百里栈、瑞祥栈等 11 个洋商码头仓栈，到 1926 年，英、美、日、法、德等国的码头仓栈已达 37 个，码头长度超过了浦西，其布局之密，几无隙地。

其中有两家洋商码头因其特殊地位，值得一提。

其一是最早享有保税特权的洋商码头——位于当时陆家嘴华栈附近的油码头。油码头由德国瑞记洋行于 1893 年建造，这是上海第一座接卸散装油轮的专用码头，占地 34 亩，有三个储油池，可储油 2500 吨，还设有一座能储存 7.5 万箱油的大仓库，附设油箱制造厂。

建造码头的同时，德商提出了享有保税特权的要求，即进口货物在销售脱手以前先不纳税，这样既可获得储存保险的便利，又可享有延缓纳税的特权。其实早在 1843 年上海开埠之初，英国政府就提出过保税特权的要求，但一直受到清廷抵制，直到 1895 年甲午战败，签订《马关条约》后，才不得不屈从于洋商的要求。第一次世界大战以后，德商在上海的势力一落千丈，这个油码头也被英商收购。

其二是同期规模最大、设施最先进的洋商码头——由英商太古洋行于 1902 年建造的蓝烟囱码头。蓝烟囱码头位于洋泾港与民生路之间的江边土地，采用钢筋混凝土结构，并铺设钢轨，设有移动式吊车、仓库升降机、专用发电设备等当时非常先进的设施。码头全长2500 英尺，可同时停靠四艘万吨级远洋轮。

这座码头不仅是上海当时规模最大、设备最先进的码头，上海港第一座危险品专用仓库，甚至成为远东首屈一指的新型码头。中华人民共和国成立后，蓝烟囱码头由上海仓库公司接管，后经多次改造，成为浦东新的工业地标——民生路码头。

除此以外，较有知名度的还有 1872 年和 1883 年，英商太古洋行分别在东昌路西北侧、东昌路南侧建成的太古华通码头、太古浦东码头；1919 年美国大来洋行在白莲泾口沿江土地建成的大来码头，是当时黄浦江上规模最大、技术最先进的木材专用码头；1907 年，日本三井洋行在洋泾港入浦处东侧建成三井码头，经营煤炭装卸为主；等等。同治四年（1865 年），陆家嘴建成立德成仓栈，占田 50 亩，岸线1200 余英尺，还建有存储货物的砖瓦仓库。1879 年，英商隆茂洋行在陆家嘴烂泥渡路以西开设隆茂栈，是当时上海最大的打包栈，专营出口的棉花、羽毛、羊毛、牛羊猪皮等打包业。

面对处于绝对优势地位的洋商，不甘受压、勇于竞争的民族实业家也在陆家嘴沿江带积极寻找商机。

1873 年初，洋务运动首领李鸿章为了挽回沿江沿海的航运业，抵制外轮侵夺，与沙船富商、浙江海运委员朱其昂和朱其诏兄弟一起，发起成立了晚清最早的官督商办轮船船运企业——轮船招商局。招商局总部设在浦西，但不少重要的码头、栈房等位于浦东陆家嘴地区。早在 1872 年底的创建阶段，招商局就在烂泥渡路以北购进原广丰行栈房作为码头仓储，之后又在杨家渡、其昌栈、陶家宅等地陆续创建码头仓储，积极开辟航线，组建起中国第一支近代商船队，在艰苦险恶的环境中与外轮展开竞争。

由煤炭实业大王刘鸿生创办的中华码头，是当时唯一有实力与洋商竞争的华商码头。为适应现代工业发展对煤炭需求量的激增，刘鸿生在上海及周边城市广设销煤机构，并先后在浦东沿江地区购地 300 余亩，建造码头和堆栈。经过几轮磋商，刘鸿生于 1918 年与人合资花费高价购进了英商怡和洋行在董家渡码头的产业，改名"义泰兴码头"，3 年后又相继购进怡和洋行在董家渡南栈的一个码头，以及相邻的亚细亚火油公司码头，将两处改建成董家渡码头。1927 年，刘鸿生将义泰兴改组为中华码头股份有限公司，自任董事长、总经理，将义泰兴码头更名为"中华北栈"，将董家渡码头更名为"中华南栈"。过了几年，随着公司资本规模的不断扩大，又购进周家渡沿江荒地，建起了钢筋水泥结构的周家渡码头，又名"中华西栈"。至此，中华码

头成为上海港规模最大的华商私营码头，大长了中国人的志气。刘
鸿生本人亦难抑自豪之情，1933 年在致上海市公用局局长的函中说：
"环顾全市洋商所办之码头公司，比比皆是，而确能与洋行剧烈竞争
者，唯鸿生所办之中华码头而已。"

船舶修造业的重要中心

上海辟为通商口岸后，由于优越的航道和港口环境，进出上海的外国船舶逐年增多，从19世纪下半期开始，上海逐渐取代广州成为全国对外贸易的中心。第二次鸦片战争中，1858年中英签订《天津条约》，其中第十款规定"长江一带各口，英商船只俱可通商"，从此外商势力深入中国腹地，上海作为贸易中转站的地位和功能更加凸显。进出口贸易的发展催生了航运业的兴盛，外国资本在上海开办的船舶修造业应运而生。1843年至1859年间，外资在上海开办的18家企业中有12家是船舶修造厂，浦东成为上海船舶修造业的重要中心。

1859年英商建立浦东火轮船厂，这家船厂的业务范围有造船、铁工、机器工程和炼钢等，项目之多堪称前所未见。浦东火轮船厂于1868年修建了一个远东最好的船坞，这个船坞长达380英尺，宽125英尺，满潮时水深21英尺，有四个蒸汽引擎，在四小时内可以把船坞中的蓄水抽干，使进坞船只迅速得到修理。19世纪50年代后，机器设备进一步增加，有各种刨床、穿孔机、钻孔机、压穿机、剪裁机，成为当时远东最大的企业之一。

19世纪60年代是上海对外贸易的高潮期，上海港地位日益重要，外资船厂得到极大的发展。从1860年到1864年新成立9家外国

船厂，其中 5 家设在浦东，其中包括日后成为上海造船业巨头的祥生
船厂。

祥生船厂由英商于 1862 年在陆家嘴建成，主营船舶修造，并兼
制造军火，建成后即不断扩张生产能力，船场占地 18 亩，临江占地
167 尺长。19 世纪 70 年代，祥生开始兼并上海几家规模较大的船厂。
而创办稍早的浦东火轮船厂，1872 年进行了大改组，拆分为浦东船坞
公司和浦东炼铁机器公司，前者将公司所属的浦东船坞租给另一家大
规模的英商耶松船厂，实际上已处于耶松的控制之下；后者原是利用
浦东火轮船厂的设备专门从事船舶机器制造的公司，当时设备较为先

带"耶松"字样的码头

进，但改组后不到两年就清理歇业，资产机器等悉数售予祥生船厂。位于虹口的上海船坞公司，在 19 世纪 70 年代后期也为祥生所得。

祥生在兼并其他船厂的同时，也加紧自身设备的升级换代，1880 年增建了一个长 450 英尺、宽 80 英尺的新船坞，成为可以容纳和修理上海港内最大轮船的船厂。到了 19 世纪末，祥生、耶松两家船厂几乎垄断了整个上海的船舶修造工业。此后到 1936 年，耶松船厂与位于杨树浦的德商瑞熔船厂合并，成立了英联船厂（上海船厂前身）。

船舶工业属于技术水平要求很高、设备资金体量巨大的重工业，当时的中国民族资本还普遍缺少参与行业竞争的实力和底气，但是在艰难生存、努力试水中，还是逐步积累了生产经营经验，取得一定的发展，也为浦东的近代化作出了贡献。比如 1888 年，公茂机器厂在浦东白莲泾创建，在初创资本只有 2 万元的情况下，凭着得当的经营战略，逐步站稳脚跟，近乎奇迹般地活了下来。

1914 年，轮船招商局扩大规模，把"招收民股"改为"官督商办"，拨款 37600 余两白银，在陆家嘴租地创办了招商局内河机厂（后改名为招商局机器造船厂），当时有职工约百人。机器、设备、材料迁至招商局汉口分局重新开业，几经变迁，直至 1940 年在重庆设厂，改名国营招商局机器厂。抗战胜利后，工厂随招商局迁回上海，并接收三个小型的船舶修造厂，分别改名为国营招商局第一、第二、第三船舶修理所，1948 年将第一、第二修理所合并迁至浦东泰同栈第三船舶修理所，并改名国营招商局机器造船厂。

另外还有庄道觉创办的鸿祥兴机器船厂（立新船厂前身）。这家船厂最初创办于浦西龙华地区，经过数次迁厂后，于1924年落定在陆家嘴。鸿祥兴创立后，先后生产过入海渔轮、沿海客货轮、驳船、救生艇、轮渡船、小火轮及蒸汽机、锅炉、甲板机械等船用装备，是当时上海最大的私营船厂。

到1949年上海解放前，沪上确知尚存的16家船舶修造厂中，浦东有6家，分别是耶松船厂、公茂机器厂、招商局浦东机器造船厂、马勒机器造船厂（沪东造船厂前身）、鸿祥兴船厂、英联船厂，且全部位于以陆家嘴为中心的浦东沿江地带。

造纸、纺织、火柴业三足鼎立

造纸业、纺织业、火柴业是浦东近代城市化过程中三个与民生密切相关的工业门类，在与洋商的激烈抗衡中，走过了几经曲折、艰难突围的风雨历程。

1891 年，李鸿章引进国外造纸技术，在上海杨树浦路创办了伦章造纸厂，标志着我国造纸业开始步入机械化生产阶段。

1899 年，与英商耶松洋行、俄商道胜银行、法商立兴洋行、美商茂生洋行等四家洋商合资，并由每家洋行的外方代表一人与中方代表三人一起组成董事会，在陆家嘴地区创办华章造纸股份有限公司，是我国造纸工业中最早的一家中外合资企业。华章公司厂房由日本人大川平三郎设计，主要设备由美国制造，1901 年开车出纸，产品以破布为主要原料，以仿制手工连史纸为主，兼制有光纸，日产量 11 吨。1906 年，华章公司盈利率高达 38.95%。

清光绪三十三年（1907 年），由于进口洋纸大幅增加等原因，华章造纸厂陷入困境，产品积压，此后连年亏损。1915 年起，由于合股的英国资本家与俄国资本家之间的矛盾日益加深，产品陆续抵押给银行，华章厂被迫转卖给日本三菱株式会社，改名为日华纸厂，生产经营一度有所起色。

1919年五四运动爆发后，国人抵制日货，日华纸厂又濒临倒闭，1920年转售给华商刘柏森。刘柏森将原有的伦章和日华两厂合并为天章造纸厂，成立股份有限公司。设在杨树浦路的伦章厂被命名为宝源纸厂西厂，设在陆家嘴的华章厂命名为宝源纸厂东厂。1925年，改组为天章造纸股份有限公司，陆家嘴厂又成为天章东厂。

1888年英美法德日五国洋商在未经清廷许可的情况下，强行在浦东开办了上海第一家纺织企业——上海机器轧花局。1895年《马关条约》签订，列强获得在华设厂特权，纺织业作为成本相对低廉而高利润的劳动密集型行业，成为洋商在浦东发展的重点工业门类之一。

1897年，美商茂生洋行在陆家嘴开办鸿源纺织有限公司。1918年，日商日华纺织会社收购了鸿源公司和另一家华商，先后开设日华纱厂一厂、二厂，都选址在陆家嘴。1923年，法商在白莲泾地区开设中法印染厂，1925年被英商接盘而改名为纶昌印染厂，两年后又大量投资扩建，成为抗战前上海规模最大的印染厂。为解决印染厂的坯布来源，1931年在陆家嘴购地80余亩，建立了纶昌纺织厂。工厂开工后，有职工1800余人，主要生产印花麻纱坯布、染色细布坯布、印花斜纹坯布等，以供应纶昌印染厂印制成品，日产花色布7500匹。

同时期的民族棉纺织工厂在浦东主要有6家，其中规模较大的如穆湘瑶、陈子馨等集资创办的恒大纱厂，刘鸿生创办的日晖呢厂（后迁址更名为章华毛绒纺织厂），但经营情况总体上较为惨淡，力量远不足以形成与外商的抗衡之势。

1911年6月，宁波商人邵尔康集资5万元，在陆家嘴烂泥渡开设荧昌火柴公司，这是浦东最早建立的火柴公司，制造红头火柴。5年后，增资在陆家渡增开分厂，开始生产黑头安全火柴，其商标有上海、渔樵、松老等二十余种。1920年再次增资，在镇江建了第二家分厂，三家厂共有职工1000余人。后来，位于烂泥渡的第一厂因不慎失火，并入陆家渡的第二厂，厂区范围扩充，生产能力渐增。到1929年，全年生产火柴达71000箱，盛行于长江中下游及广东、福建等南方省份。

面对洋商特别是瑞典火柴业的扩张，1928年，刘鸿生倡导同业合并，因此荧昌公司与他组建的鸿生火柴公司、中华火柴公司三大公司合并成立大中华火柴股份有限公司，由刘鸿生任总经理。强强联合使得大中华的资本日益雄厚，生产规模日益扩大，各厂先后添置设备，提高了生产效率，并实现了所需梗枝全部自给。

"浦东第一银行"

上海开埠催生了近代金融业的发端。1847 年，上海出现了首家外商银行——英商丽如银行，至 19 世纪末已有英、美、日、法、俄、德、荷、比等多国银行在沪落地，外滩因集中了大量金融机构，号称"东方华尔街"。然而，受制于经济基础、越江交通等因素，近代金融业在浦东的落地和发展步伐明显落后，直到 1928 年 3 月，浦东地区才诞生了第一家银行——浦东商业储蓄银行，简称浦东银行。

浦东银行是由吴凤如、陈子馨等集资在浦东杨思地区开设的，初创时吴凤如任董事长，杜月笙为董事。银行在浦西市区设有分行，在南汇大团镇设代理处。1931 年，总行迁至泗泾路，并在陆家嘴增设了赖义渡（烂泥渡）分行，1933 年增设周家渡分行。1934 年，总行又迁至爱多亚路（今延安东路），赖义渡分行迁到东昌路，并在周浦镇增设分行。可见，当时这家"浦东第一银行"的业务发展是比较顺畅的，已从浦西和浦东沿江地区向中部腹地延伸。

1931 年，浦东银行曾发行过面值为 100 枚铜圆的铜圆票。该票由中国凹版公司印制，为直型票面。正面的花框内，上端印有"上海浦东"四字，下面是一幅泊于黄浦江边的装货巨轮画面，反映了近代上海工商业的繁华。图片下是号码，号码下面以繁体字直书"铜圆壹佰

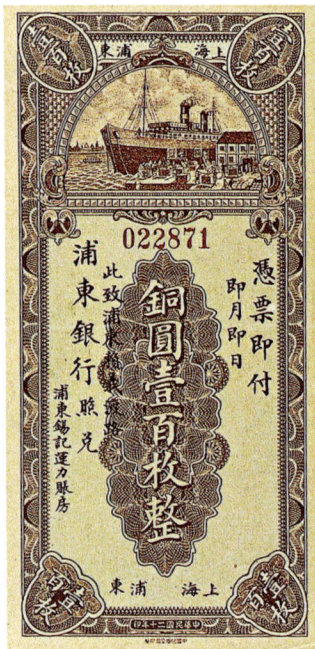

1931 年，浦东银行发行的面值为 100 枚铜圆的铜圆票

枚整"的面值，靠底边处又有"上海浦东"四字。票的背面印有号码、发行年份、币值数，并有中外文对照。这个铜圆票最早是作为发放码头搬运工人的工资之用，后来陆续流入市场，市民有需要时，可以凭票到赖义渡分行兑换 100 枚铜圆。

浦东银行与近代上海建设和城乡自治的先驱人物组建的地方公益自治组织——浦东同人会（后为浦东同乡会）有着紧密联系，在同乡会组织的一些公益赈济活动中慷慨给予了资金支持。

1936 年 10 月，浦东同乡会的会所——浦东大厦在延安路成都路口落成，大厦临街的一层便开设了浦东银行的支行。1932 年初"一·二八"事变爆发后，浦东同乡会积极组织募捐，支援东北义勇军和离土农民，迅速募集 5000 大洋，由浦东商业储蓄银行垫付。这家浦东最早的银行，在救亡图存的危难时刻，展现了民族金融业的担当。

市政公用事业相对落后

近代以来，当浦西外滩矗立起"万国建筑群"时，以陆家嘴为代表的浦东沿江地区也已码头密布，工厂林立，人口激增，成为最早整片城市化发展的区域。但是，与浦西相比较，浦东市政公用事业长期处于较为落后的状态。

在战乱频仍、军阀割据之下，地方政府的管理力量客观上存在不足，一大批乡贤先哲、志士仁人在"吾不为自谋谁为谋哉"的思想指导下，以国家兴亡、民生福祉为己任，建立自治组织。如1905年由上海早期城乡自治的先驱李平书、教育家黄炎培联合知名乡绅叶惠钧、张志鹤、杨斯盛、顾兰洲等成立的浦东同人会（1931年改名为浦东同乡会），谢源深、朱日宣为首的一批爱国士绅组建的浦东塘工善后局等，主动担当起卫乡图强的重任，多方奔走集资，积极发展实业、营建市政、改善民生，从组建起至20年代中期共进行了上百项工程建设，为浦东早期开发作出了积极贡献。

浦东沿江一带因厂栈林立、棚户丛生、河浜水质差，烂泥渡一带一度疫病横行，居民苦不堪言。上海市公用局有意兴建现代化供水设施，但是以"市库奇绌"为由，提议"招商承办"，成立了上海市浦东水厂股份有限公司，为"官商合办精英上海市浦东水厂之机关"，

30万元资本中政府承担18万，其余由商股补充。1937年6月，由德商罗德洋行设计、上海成泰营造厂施工的浦东水厂建成供水，是上海第一家市办水厂，厂址设在陆家嘴游龙路1号，设计规模日供水能力2万立方米。水厂建成后仅两月抗战即全面爆发，为日伪华中水电公司掠夺经营，遭受严重损失。抗战胜利后，被上海市公用局收回，1946年底，其干管北至东昌路，南至南塘桥，并延长到洋泾镇，当时的用户数达到970户。在1937年至1965年近三十年时间里，浦东水厂是浦东地区唯一的自来水厂。

1919年，近代知名地理学家、爱国实业家童世亨与黄炎培、穆藕初等共同创办浦东最早的供电设施——浦东电气股份有限公司，成为浦东最早的供电企业，童世亨任总经理兼技术主任。第二年，童世亨

浦西远眺浦东电气公司

成立了浦东电气公司事务所，租用春江码头 10 号（今陆家嘴游龙路）为办公地，其后，公司建设了浦东第一条长 10 公里的 2.3 千伏供电线路。首台机组于 1920 年 12 月开始送电，南起塘桥、北至陆家嘴、东到其昌栈一带的浦东沿江地区开始用上电灯照明。最初因技术条件所限，仅能供上半夜照明，到 1921 年新增一台 120 千瓦机组轮流发电后，开始全夜送电，1923 年起实现了日夜供电。到 1925 年 2 月，发电所易地张家浜口北岸重建，后来又增资改组了南汇电气公司。随着企业和居民对用电需求的不断增长，至 1936 年"浦电"的股本总额已达 150 万元，相继兼并了 10 余家电灯、电气公司，供电范围扩展到北至高桥南到塘桥的沿江带以及川沙、南汇、奉新等广袤腹地，用户达 13000 多家，供电负荷达 5000 千瓦。"八一三"淞沪会战爆发后，公司被日本侵略者侵占易名，直至上海解放后收归国有，恢复供电生产。

浦东电气股份有限公司股票

　　1927 年上海特别市政府成立后，曾致力于酝酿推动"大上海计划"，虽因经济基础和时局环境所限，蓝图未能落地，但通过各方努力，规划中的某些项目多少也取得了一部分成果。比如从 1930 年底至 1935 年 10 月修筑了一条"浦东路"，成为当时浦东最重要的交通干道。这条路自周家渡上南汽车站起，与黄浦江走向平行，距离江岸一公里向北延伸，沿线排列着大批码头、仓储、船厂等近代工业企业。道路经白莲泾、塘桥、张家浜、杨家渡、东昌路、今陆家嘴路而达北护塘路（即今天的浦东南路），再自今陆家嘴路向东偏北，经其昌栈、源深路、民生路、洋泾镇、庆宁寺而达东沟（即今天的浦东大道），与上川铁路相接，促使浦东陆地交通网络由沿江向腹地延伸，对浦东经济的发展发挥了重要作用。

　　"震修路"，位于 1906 年在杨家渡地区兴办的震修小学堂（即今天的浦东新区第二中心小学）的东边，1920 年根据沿江地区发展的需要，填埋河道后筑成碎砖煤屑路，也就是现在浦东南路的中段。

　　浦东乡贤士绅在推进浦东早期开发建设过程中，受到孙中山三民主义思想的影响和教益，为了以志光大，1922 年，浦东塘工善后局在洋泾地区修建了一条以"民生"二字命名的道路，向浦东百姓宣传三民主义思想。民生路原来北起黄浦江边的民生路码头，南至沈家弄路，浦东开发后又向南延伸至世纪公园，成为浦东沿江南北向的重要干道。

　　东昌路的路名得名于山东聊城地区（南宋起称"东昌"），建于 1928 年，由填埋河浜而来，是陆家嘴沿江地区东西向交通要道。由于得天独厚的地理位置，自 20 世纪 30 年代起就成为浦东沿江主要的商业街。1937 年后的日伪统治时期，伪上海大道市政府曾短期设在东昌路张家花园后。

塘桥地区有一条以浦东地方建设公司简称命名的"浦建路"。浦建公司的发起人王艮仲，1903 年出生于江苏省南汇县（今上海浦东新区），是杰出的爱国民主人士，抗战期间他积极响应中国共产党抗日民族统一战线的号召，在日伪统治的敌后坚持斗争，被誉为"江南大侠"。抗战胜利后，王艮仲毅然辞去国民政府的一切职务，回乡创办实业，与一批志同道合的爱乡人士组建了浦建公司。浦建公司致力

1945 年，王艮仲在办公室工作

于修复被日伪政权破坏的道路基础设施，其中一大亮点就是修通了起自东昌路，经塘桥、北蔡、周浦到达南汇县城惠南镇的沪南公路，极大地方便了浦东中部、南部市民的出行，也显著推动了浦东的经济发展。

在经济尚不发达的近代，一江之隔犹如天堑，极大阻碍了人口、物产、资金的流动。1927年上海特别市政府成立后，开始关注过江交通问题，接收了浦东塘工善后局，塘工局所管理的轮渡事业相应也被接管。轮渡业的职能部门几经变化，1931年成立上海市轮渡管理处，此后5年中官办轮渡发展较快，辟设了5条对江航线、1条长途航线，有渡轮13艘、轮渡码头11座，其中4条轮渡线与陆家嘴有关。

春江码头售票处

其威线，由浦东其昌栈至浦西威赛公码头。春北线，最初叫"春铜线"，由浦东春江码头至浦西外滩铜人码头，1935年铜人码头撤销后，浦西改停北京路码头。春江路出口恰位于陆家嘴的尖角，属于浅滩，极易淤塞，于是建造浮码头和浮桥各一座，1934年落成启用。东东线，由浦东东昌路至浦西东门路。塘董线，由浦东塘桥至浦西董家渡路，原为义渡，是上海、南汇、川沙三县出入要道，因设备简陋而乘客众多，事故频发，为保障乘客安全，上海市公用局经过多年筹备，于1933年底改建开航，完全取代了原有的民渡。

对江渡轮平均每艘每天要往返百余次，载客人数数以万计，并能渡运汽车、自行车等，但仍未能满足日益增长的渡江需求。因此，当时除市属轮渡外，尚有11处商办济渡存在，设施水平参差不齐，小轮拖带或人力驾驶的驳船，甚至舢板划子都有使用。抗战爆发后，整个上海市轮渡被日军侵占，航线和船只大幅缩减。直到上海解放后，轮渡业纳入上海市轮渡公司统一经营管理，方得以重获新生和繁荣。

一片红色的土地

工人抗争意识的觉醒

陆家嘴是一片红色的土地。

自上海开埠以后，外国资本的大量涌入、新兴民族资产阶级的兴起，带动了近代工业文明的萌芽和发展，浦东沿江地区逐渐形成码头、厂栈林立之势。

工业化生产必然带来对劳动力的大量需求，浦东首批近代产业工人由此产生，可以说这里是浦东工人阶级队伍的发源地，也是党早期领导工人运动的地方，为上海作为一座红色之城写下浓墨重彩的一页。

陆家嘴地区集中了浦东最多的码头、造船、卷烟、棉纺、酒精等行业的主要企业，自然也就成为产业工人队伍最庞大、最集中、发展最迅速的地方。甲午战争后，外国资本加快在华设厂步伐，工人数量进一步激增，不少工厂的工人数都在千人以上。其中如英美烟厂最多时雇用工人达上万名，日华纱厂在1921年时已有3800多工人。据1937年统计资料，上海1687家工厂中，浦东地区有305家，占全市总数的18.1%，居各区县之首。

当时的劳动条件极为艰苦恶劣，资本家为尽可能多地榨取工人的剩余价值，不断延长劳动时间，加大劳动强度，压低薪酬，也很少落实劳动保护措施。工人不仅遭受体力和经济上的种种剥削，处在频繁发生的工伤事故和职业病威胁之中，而且还经常受到洋监工的体罚、搜身等人格侮辱。为了攫取最大利润，企业主还大量雇佣成本更加低廉的女工和十来岁的童工，有的工厂里女工、童工的比例甚至占工人总数的 70% 以上。

20 世纪 30 年代初的上海工联会宣传材料中，记载着这样一段描写烟厂工人悲惨处境的民谣："烟叶间，满间烟灰尘，烟丝间，辣气熏死人，头灰鼻黑不像人，哎哟哟，不像人。""饭在咽，汽笛又长鸣，半饥饱，手脚又不停，日落灯明头发昏，哎哟哟，头发昏。""半个月，发一次工钱，拿到手，只有几只洋，样样高贵啥用场，哎哟哟，啥用场。""破衣衫，难御冬北风，烂棉被，盖头露了脚，茅棚阁楼格外冷，哎哟哟，格外冷。"

阶级矛盾的激化，促成了工人抗争意识的觉醒。陆家嘴地区的工人阶级很早起就开始采取罢工等方式，进行自发的经济斗争和反对压迫的原始反抗。

1868 年 10 月，英商耶松船厂爆发了部分工人为反对厂方降低工资而举行的罢工运动，这是上海产业工人最早的一次自发斗争。

此后该厂又爆发了一次有影响的罢工斗争。1879 年 9 月，工头雇用 40 余名工人赴山东拆卸旧船，其间因工头克扣工资，工人一再索要无效，不得已停工抗议。返沪后，厂方声言要扣除工人工资，并追究其"停工滋事"的责任。这件事最后还对簿公堂，经过工人们团结一心、据理力争，庭审结果令厂方结清工人来往路费及所做工日费，罢工取得胜利。

英美烟厂作为当时浦东沿江工人队伍规模最大的外资工厂，也是早期工人运动的重要发祥地。1917 年 7 月，因外籍总经理减少锡包间女工工资，1000 多名工人举行了罢工。工厂一面以解雇工人、迁厂停业相威胁，一面又调来警方拘捕关押工人代表，由此更加激起工人的愤怒。到 7 月底，2000 多名工人包围警察署，坚决要求放人。在大家团结一致的抗议下，警署被迫释放被拘捕的工人，资方也在经济上对工人作了一定的让步，历时三周的罢工宣告结束。然而在第二年 8 月，因卷烟车间管理人员违反童工夏季周末可带薪休息半天的承诺，交涉未果后，300 余名工人再次进行了罢工。约一周后，厂方恐怕事态扩大引发"连锁效应"，同意酌加工资，工人才予复工。

在原为英商经营、后转归日商经营的日华纱厂，也于 1918 年 8 月、1919 年 2 月，以反对虐待工人、反对影响收入的工资计算办法、反对削减人数增加工作量等理由，举行了两次罢工。女工们头顶烈日奔走呼号，有的遭到巡警殴打受伤也绝不屈服。最后，工人提出的部分要求，如辞退虐待工人的工头、夜班工人酌加工资等，得到了资方的允准，罢工取得一定程度上的成功。

1919 年五四运动爆发后，日华纱厂、英美烟厂、章华造纸厂等知名企业以及附近的码头工人、汽车行职工、清洁工人、油漆水木工等工人群体，在当年 6 月 5 日至 11 日期间集中举行罢工，有力声援了五四运动。

1920 年 5 月至 7 月间，由于上海米价飞涨，英美烟厂的工人还率先掀起了一场鲜为人知的罢工斗争，因主要诉求是随米价上涨而调整工资，史称"米贵罢工"。当时，米价在短短一个多月内从每石六七块大洋暴涨到 16 块，而普通工人的工资仍只有每天 2 到 4 角，难以维持生计，罢工浪潮由此引发。当时，英美烟厂圆包、锡包车间的3300 多名女工在生计困窘之际，又被厂主额外安排了报酬微薄的其他任务，于是愤而反抗。最终，厂方答应每石米价以 8 块大洋为基准，每涨价 1 元，每人补贴 0.25 大洋。这次罢工起于浦东，迅速扩展至全市铁厂、造纸厂、电厂、染织厂、铁路、兵工、手工业、水木业等行业的广大职工。罢工潮历时 3 个月，前后有大小罢工 33 次，参与人数达数万人，大部分都取得了胜利。

李启汉领导英美烟厂大罢工

"十月革命一声炮响，给中国送来了马克思列宁主义"。1921 年 7 月，中共一大在上海召开，宣告了中国共产党的成立，中国革命从此掀开了崭新的篇章。在近代工业化进程中迅速成长起来的上海工人阶级，也在党的领导下从自发斗争发展到自觉斗争。

党成立后领导的第一次罢工斗争，就发生在浦东陆家嘴的英美烟公司。

1921 年 7 月，英美烟公司一厂卷烟车间的百余名工人因为反对外方监工克扣工资、殴打工人，派代表与之交涉，要求撤换监工，但未获准，一厂工人于是于 7 月 20 日下午愤起罢工。21 日，工人们派张涛等人为代表去二厂求援，在厂门口张贴通告，倡议全厂同胞团结起来，壮大声威，使罢工斗争"务须坚持到底"。二厂工人立即响应，卷烟部 200 余人首先罢工。资方勾结警方，将张涛抓捕关押。二厂其他车间的工人闻讯后群情激愤，全体工人加入罢工大军。

此时，正值中国共产党第一次全国代表大会召开前夕，得知英美烟厂工人罢工的消息后，党组织立即派出李启汉前去领导这次罢工。

李启汉是湖南江华人，1920 年到沪加入社会主义青年团，后转为中共党员，是党正式成立前重要的组织发起者之一、建党早期优秀的工人运动和青年运动领导人，也是第一个到浦东组织领导革命斗争的共产党员。

李启汉来到罢工工人经常集会的吴家厅刘公庙，了解工人的诉求、罢工期间工人的生活状况等，用通俗的语言对工人普及了资产阶级剥削工人劳动者的道理。他说，工人要不分帮派、不分地域团结起来，叫资本家增加工资，不再欺侮工人。李启汉鼓励大家坚持斗争："我们罢工一天，每人只损失二、三角工资，资本家却要损失几万元，他是拼不过我们的，坚持下去，一定胜利！"在李启汉的启发教育下，大家坚定了依靠自己的力量、团结斗争的信心。

接着，李启汉又指导工人组织罢工的领导机构，英美烟一厂、二厂推选出刘凤臣、刘荣才等十余名热心代表，并在刘公庙附近租房作为代表办事处。同时，李启汉还帮助工人代表起草了罢工宣言和传单，正式提出了与资方交涉的八项条件：一、普遍增加工资；二、今后按期加薪；三、撤换虐待工人的监工；四、罢工期内的工资照发；五、以后不准虐待工人；六、周六半天及周日的工资照发；七、年节休假日也要照发工资；八、不准开除工人代表。为了充分发动和组织群众参加斗争，工人代表在刘公庙召开了首次两厂工人大会，会上通过了罢工宣言和八项条件，并散发传单，决定不达目的绝不复工。

此次罢工从开始到基本达到预期目标、取得胜利，经历了一波三折的艰难过程。为了应对罢工期内工人愈发艰难的生计，李启汉等人积极组织募捐，接济罢工工人，虽然数额不多，却似雪中送炭。工人们深受感动，纷纷发扬阶级友爱，相互调剂，共渡难关。资方见用饥饿迫使工人复工的企图落空，又开始用欺骗手段，8月1日当工人举行第二次大会时，警署头目秉承资方旨意，与烟厂买办一同来到会场，许以所谓优待工人却暗含附加条件的"和解措施"。工人拒绝接受，坚持八项条件不能变更，警方和买办只能灰溜溜地退场。

随着罢工的持续，外埠商家纷纷向英美烟厂催货。资方为应急出货，从浦西雇用了几十名工人，但受到工人的阻挡而未能进厂开工。无奈，资方又花重金收买了一个中方工头去破坏罢工，带领少数工人擅自进厂做工，又遇阻挡。双方争执中，工头首先挥拳打人，一名叫汪有才的工人出其不意把装满大粪的半只西瓜皮扣到工头的脑袋上，令他威风扫地。

警方拘捕汪有才后，引发了3000余名工人的大规模示威游行。游行队伍浩浩荡荡三四公里，从英美烟厂门口至董家渡过江一直到了十六铺，直向淞沪警察厅进发。经过一番严正交涉，警方答应减少汪有才的拘留日，以及以后不干涉工人集会自由。于是工人整队回到刘公庙，议定待汪有才释放后与资方进行谈判的条件。

罢工持续两周多后，资方已无计可施，为尽快止损，驻华英美烟公司大班毛利斯只得亲自出马，邀请工人代表前去谈判。李启汉得知后，告诉工人代表要警惕毛利斯耍手段，不要为其种种诱惑所动。谈判过程中，工人代表对八项条件进行了重申和补充，除了"罢工期间工资照发"这一条，毛利斯基本都答应。谈判进入僵持状态，毛利斯非常着急，两次主动提出修改条款的建议。这时，李启汉审时度势，与工人代表反复磋商后，认为在大势已基本明朗的情况下，也要掌握好火候，考虑工人群众的实际困难，进行适当让步。因此，这一条最后修改为"罢工期内赔偿1800元大洋"。历时三周的罢工取得了胜利，8月10日下午，全体工人鸣响爆竹，兴高采烈地进厂复工。

以英美烟厂大罢工的胜利为标志，陆家嘴地区首开全市工人阶级在党的领导下进行纲领明确、组织严密的工人罢工的先河。随后，在党的领导下，成立了上海烟草工会。

受此鼓舞和影响，陆家嘴地区其他知名企业如日华纱厂等也爆发了大罢工。1922年3月19日，在中国劳动组合书记部的指导下，在日华纱厂建立了上海纺织工会浦东分会，会上颁布了工会章程和会员证书。时任中共中央总书记陈独秀、书记部代表李启汉、《民国日报》编辑邵力子等到会发表演讲，鼓励工人加强团结，坚持斗争。不久后的4月17日，在纺织工会的组织发动下，日华纱厂3800余名女工以要求增加工资遭拒为由开展罢工。其间，书记部与上海机器工会、中文印刷工会等10多个工会团体联合发起募捐，为罢工工人提供后援。最后资方让步，签订了增加工资、赔偿损失、每年加薪、不虐待工人、不无故停歇工人等五项条件，罢工取得了胜利。这次罢工也迫使日本资本家承认工会的存在，大大提升了工会的威信。两三天内，有多达3500名工人申请加入工会。

积极参加上海工人三次武装起义

1925 年 1 月，中国共产党第四次全国代表大会在上海召开，研究加强党对日益高涨的革命运动的领导、迎接大革命高潮的问题。同年 2 月，中共上海地委根据中共四大通过的《对于组织问题之议决案》中指出的"组织问题为我党生存和发展的一个最重要问题，并决定在全国范围内加强党的建设"的精神，建立了中共浦东支部，支部负责人为杨裕发，支部成员有朱谦志、蒋燮文、达品晋。浦东地区党的领导机构的成立，为浦东新民主主义革命的发展掀开了崭新的篇章，星星之火迅速形成燎原之势，浦东沿江地区企业中的党组织纷纷发展壮大。

1925 年 8 月至 9 月，上海区委所辖的支部已发展至 65 个，为便于领导和更好地发挥组织作用，区委在包括浦东在内五个工业较为集中的区域分别设立支部联合干事会，负责领导和管理区域内工厂、企业中的党支部，支部联合干事会直属上海区委领导。8 月下旬，中共浦东支部联合干事会成立，书记为张人亚，负责领导浦东沿江地区党的工作，下辖 6 个基层支部：英美烟厂一二三厂支部各一、祥生铁厂支部、日华纱厂支部、美丽时皮厂支部，共有 120 名党员。

1925 年 10 月，根据中共中央的决定，上海区委按区划划分为七个"部",各建立"部委员会",管辖区域内的工厂、企业支部,部委员会直属上海区委领导,由此,在中共浦东支部联合干事会的基础上建立了中共浦东部委,下辖仍为6个支部。至1926年12月,发展至11个支部,位于陆家嘴地区的主要有日华纱厂支部、祥生铁厂支部、英美烟厂老厂支部和新厂支部、烂泥渡码头支部、其昌栈码头支部等,11个支部共有党员322名。

从1926年10月到1927年3月,上海工人在党的领导下,在北伐军向上海推进的形势下,连续举行了三次武装起义,成为上海工人运动史上光辉的一页,其中也有浦东陆家嘴地区工人队伍的壮丽身影。

在1926年10月的第一次起义中,武装力量仅有一支2000人的工人纠察队,浦东方面组织了130多人的工人纠察队和10余支步枪,武器很少且训练不足,举事不久便遭到失败,设在吴家厅码头的工人起义指挥部被敌人破坏。

第二次起义发动于1927年2月,上海总工会向全市工人发出"罢工响应北伐军、打倒孙传芳"的号召,参加者达36万工人之多,其中包括浦东陆家嘴地区祥生船厂、日华纱厂、南洋烟草公司等工厂企业的全体工人。这次行动因为反动军阀的暴力镇压,头两天死伤和被捕的工人就超过百人,愤怒的工人自发夺取军警武装,罢工最终转为武装起义,工人们与反动军警展开夺枪搏斗。2月22日,作为起义信号的黄浦江军舰开炮了,但因准备工作不充分,浦东工人的接应汽船未到,无法按计划到军舰上提取武器和夺取兵工厂,起义的中心任务没有实现。

1927 年 3 月，上海工人在总结前两次失败的教训基础上，成功举行了第三次武装起义。3 月 21 日，参加起义的浦东各大工厂工人在祥生船厂门前广场上集中，工人纠察队与各界群众汇合成近万人的庞大阵容。首先攻打位于春江码头的警察四分所，纠察队到达时警察已逃跑。接着攻打坐落在铁板桥（今东宁路）的第三区警察署，工人兵分三路，一路封锁江面，一路从后包抄，还有一路正面进攻，将 100 多名警察全部活捉并缴获全部枪械。起义队伍随后又成功攻下了老西渡俞家庙、钦赐仰殿等两个被军阀占据的地方，历时 4 小时的战斗，浦东起义获得全胜。起义第二天上午，各界召开第二次上海临时市民代表会议，选举产生了上海特别市临时市政府，当选委员 19 人中，有 10 名是共产党员和工人代表。

在这次起义中，有一名党的早期领导人杨培生在陆家嘴留下了光辉足迹。杨培生（1883—1927）是川沙蔡路（今浦东新区合庆镇）人。1925 年五卅运动爆发后，发动工人成立祥生船厂工会，并领导全厂工人参加总同盟罢工。当年 6 月入党，随后参与筹建上海铁厂总工会，后任中共浦东第一支部书记。在上海工人第三次武装起义中，他是浦东和南市起义的组织领导人之一，浦东地区的行动由其带领完成。后来又当选中共中央候补监察委员、中华全国总工会执行委员。四一二反革命政变前夕，上海总工会委员长汪寿华被杀害。4 月中旬，中共上海区委决定杨培生为上海总工会代理委员长。1927 年 6 月在市总工会开会时被捕，7 月 1 日英勇就义于龙华。

浦东女工夜校

1908 年，上海成立了一个国际性的基督教妇女社会团体——上海基督教女青年会。初创时，活动内容主要围绕宗教进行，到五四运动后，民主科学之风日浓，带动了女青年们的思想进步，女青年会把工作重点转向宣传男女平等、反对封建旧俗以及救济困难劳工、帮助贫困女生等方面，逐步从一个宗教团体发展成公益团体。

1928 年，女青年会劳工部针对浦东陆家嘴地区工厂密集、女工童工深受剥削的状况，开设了青年会的第一所平民学校。校址设在赖义渡路（烂泥渡路），邓裕志担任第一任校长。学校不仅为学生上文化课，还增加了时事讲评、文娱手工等生动活泼的课外活动，引领了当时浦东女性接受新式学校教育、提高科学文化素质的新风尚。由于学校不收费，来校就读的女工非常多。1930 年，女青年会所属平民学校一律改称女工夜校，浦东平民学校也改称浦东女工夜校。

抗日战争爆发后，1933 年经人民教育家陶行知介绍，共产党员徐明清到浦东女工夜校担任高级班教师。徐明清认真贯彻党的统一战线政策，与女青年会爱国人士紧密团结合作，在提高女工文化水平的同时，还以编写国难教育课文、开展文艺活动等方式，启发女工的思想觉悟，取得了全校师生的高度认可。

浦东女工夜校

　　徐明清与邓裕志等校领导带领全校师生积极投入抗日宣传、掩护和救助革命志士等活动，并培养女工中的积极分子加入中国共产党。其中，第一个被发展的徐佩玲，后来成为夜校的教师，是党在浦东进行地下革命活动的骨干之一。1914 年，徐佩玲出生于陆家嘴花园石桥路的一户贫苦人家，幼时因家境贫困且无人照顾，跟着母亲在纱厂浑浊的空气中长大，小学没读完就进入英美烟厂当童工。16 岁时得知女工夜校开办，便不顾每天劳动的疲劳，坚持前来上课，积极要求进步，很快成长为一名共产党员。1934 年 8 月，徐佩玲到浦西的杨树浦夜校当教员，从此便以夜校为掩护，长期从事党的秘密工作，并先后

女工夜校上课场景

培养发展了一大批优秀的共产党员。

当时女工夜校经常组织学生排练节目，深入贫苦群众中进行演出，宣传革命思想和抗日救亡意识。很多已经入党的学生，还成为工人运动、妇女运动的骨干。1937年淞沪战争爆发后，上海女青年会劳工部的工作重点完全转入到救助难民和伤兵中去。浦东女工夜校的师生也是同仇敌忾、共赴国难，有的参加劳动妇女战地服务团，有的参加抗日义勇军，有的更是献出了宝贵的生命。如徐佩玲的妹妹徐佩珍，1938年入党后参加了江南抗日义勇军，在1942年日伪"清乡"中壮烈牺牲。

1941年12月太平洋爆发后，女工夜校纷纷停办，徐佩玲回到浦东的峻德中小学代课，坚持地下斗争，担任中共浦东地区工作委员会宣传委员。1945年初，她参加了浦东工人地下军的筹建工作，1949年2月调往沪西，任中共沪西民营纱厂的分区委书记，组织工人进行护厂斗争，迎接上海解放。

浦东女工夜校作为由宗教团体创办的一所公益性学校，在中国共产党的领导指引下，成为广大女性接受文化教育、实现思想进步的大熔炉，成为培养锻炼一大批优秀共产党员的秘密阵地，成为团结各方爱国志士、共同抗击侵略的坚强战场。

纶昌纱厂罢工案

20 世纪 30 年代起，受王明"左倾"路线的影响，上海的党组织屡遭破坏，白色恐怖愈加严重，区委于 1934 年终止活动。1937 年 11 月，在抗战烽火硝烟中，中共江苏省委开始恢复重建，改变以地区划分党组织的传统，调整为以产业和职业来划分，实行垂直领导，这种组织格局一直持续到 1949 年 2 月。作为全市各产业工人中党的组织和工人运动的领导机构，工人运动委员会积极组织力量扎根于重点企业和敌伪工厂。

这一时期，浦东党组织在十分艰难的处境中，仍然在陆家嘴的许多工厂留下了领导工运的光辉足迹。

随着抗日救亡运动的高涨，1936 年，日商纱厂举行了反日大罢工。日华一、二厂 3200 余工人得知市区各日商纱厂对罢工工人所提条件均已解决后，对该厂迟迟不予改善工人待遇深感不满，加之正好又发生了日方领班殴打女工沈阿金一事，展开了罢工斗争。由于工人斗争坚决，双方迅速达成了增加工资等协议，因此这次罢工只有 3 天便宣告结束。这场罢工是全市日商纱厂大罢工的组成部分，具有重大意义。

抗战爆发后，英商纶昌纱厂内进步职员和工人积极参与救亡运动、办起夜校，组织讲形势、歌咏会等活动，抗日革命力量日益壮大。因抗战抵制日货，其他外商厂获利丰厚，然而该厂工人非但没有得益，相反奖金还因战火中的一度关厂而被砍去半数之多，工人交涉无果后，于1939年5月发起了罢工斗争，双方交锋激烈。日伪势力趁机派员进入纶昌厂，挑起反英事端，使罢工斗争发生了质的变化，抗日目标被转移。

事态的日趋复杂引起了党组织的关注，为粉碎敌人的阴谋，中共江苏省委派遣工委委员刘宁一到浦东领导纶昌工运。

刘宁一反复做积极分子杨秉如、杨东林、陈贤凡等人的思想工作，使他们认识到当前的主要敌人是日本帝国主义，在民族存亡、大敌当前的情况下，应尽快复工，特别要警惕汉奸的活动，防止工人运动被敌伪利用。经过一番教育引导，他们提高了觉悟，杨秉如等人被吸收入党，组建了纶昌纱厂党支部。大家认识到，当前应从大局考虑，对英商"既打又拉"联合反日，适当降低诉求。

然而到了6月初，日伪出动武装军警，开始以武力破坏复工，又制造了杀害一名英国籍职员的暴行，导致复工流产。

6月12日，工人们在《申报》发表公开信，揭露了日伪势力破坏复工的真相。到了11月，由于受罢工影响，纶昌的市场份额即将失去，恐慌的资方用金钱与日方疏通，达成两厂复工的协议。江苏省委全面分析情况后，决定先复工，等待时机再与资方进行合理斗争。于是，党支部在11月底组织工人进厂复工，两天后从各车间选出13名代表参与谈判。这次谈判取得了成功，工人巧妙地利用英日矛盾，使资方基本答应了增加工资 20%、增加赏金 5%、增加米贴、不得无故打骂开除工人等条件。纶昌罢工事件成为江苏省委与日伪政权争夺上海工运的第一个战役，党组织在复杂政治环境下领导工运的策略有了进一步提高。

"红色摇篮"洋泾中学

陆家嘴地区的知名学府——洋泾中学，是抗日战争和解放战争时期党在浦东领导学生运动的重要阵地之一。

浦东抗日游击队领导人连柏生（1908—1992），原南汇县祝桥镇人，8岁进私塾读书，曾凭着扎实的英语基础考入全英语教学的上海邮务海关学院，后来又考入上海私立大夏大学，终因家贫无力负担，中途辍学，先后在家乡南汇的几所小学任教。

1935年7月，27岁的连柏生来到浦东洋泾中学担任图书管理员，还兼授公民课。他为人正直，常能在学生事务管理中秉公办事，受到学生的尊敬和同事的赞誉。1936年春，身为国民党上海市党部委员的校长张载伯宴请教职员时，一腔热血的连柏生讲了些不满现状的话，差一点被作为"共党言行"查处，几经周旋，风波才告平息。但连柏生渴望改变现实的愿望日益强烈，在结识中共党员蔡悲鸿之后，受其革命道理的引导教育，逐步确立了为民族解放和国家富强而斗争的崇高理想。

当时正值日本侵略军妄图由东三省进一步侵占华北，全校师生抗日激情高涨，而国民党反动派又对红军进行"大围剿"，到处捕杀共产党人，封杀进步文化，上海处于白色恐怖之中。

洋泾中学 20 世纪 50 年代初校园风貌

但在连柏生管理的洋泾中学图书馆里，学生竟然可以借到美国作家斯诺的《西行漫记》、海伦的《续西行漫记》等"禁书"。很多学生看后深受感动，觉得共产党不图官、不图财，是一心为老百姓谋福利的，潜移默化之下，深受我党"全民动员、团结抗日"号召的影响，开始同情和支持共产党。

1937 年 8 月，淞沪战争爆发，洋泾中学一角被流弹震塌。连柏生毅然弃职返乡，走上了抗日革命道路。在他的影响下，顾正钧、林有用等一批进步学生投笔从戎，参加了南汇地方抗日武装。

连柏生回到家乡南汇后，于 1938 年 9 月与同乡青年王才林、王义生、林有璋及共产党员姜文奎、蔡志伦等创建了"南汇县保卫团第四中队"（简称"保卫四中"），开展了一系列打击日军的战斗。次年，"保卫四中"扩编为"南汇抗日自卫团第二大队"，被当地民众亲切地称为"连柏生部队"。

1940年8月,连柏生按照党"灰色隐蔽"的方针,打通国民党第三战区淞沪游击指挥部的关系,取得"第三战区淞沪游击队第五支队"的番号,将"连柏生部队"扩编为"第五支队",任支队长。1941年,连柏生根据党的指示,向浙东敌后发展抗日力量,将其领导的五支队分期分批转移至浙东。1944年1月,成立浙东敌后临时行政委员会,作为浙东根据地的最高行政机构,连柏生任主席。1945年日本战败后,连柏生随浙东游击纵队北撤至苏北解放区,其后又到东北工作,历任通化省分委常委、辽宁省省委委员、建设厅厅长、东北人民政府公路总局局长等职。

连柏生的学生林有用,当年随同连柏生一起转战浙东四明山区,

洋泾中学校舍(20世纪50年代)

新中国成立后任嘉兴军分区参谋长。学生顾正钧也先后参加了抗日战争和解放战争，历任新四军浙东纵队淞沪支队政治指导员、华东野战军第一纵队三师政治指导员，在孟良崮战役、淮海战役中多有建功，获中华人民共和国三级解放勋章、中央军委独立功勋荣誉章。新中国成立后，顾正钧还与连柏生所在的志愿军部队一同开赴抗美援朝前线。

有着光荣革命传统的洋泾中学，到了上海解放前夕，爱国学生运动已有了长足的发展。内部有了稳定数量的中共党员，并建立了党领导的外围组织学生联合会，团结了一大批进步青年，有力地配合了上海的解放斗争。1949 年 4 月 1 日，南京中央大学、金陵大学等 10 所大专院校的师生 6000 余人举行大游行，要求国民党政府接受我党的八项和平条件，遭到预伏的国民党暴徒围殴镇压，酿成 200 多人死伤的"四一"惨案，这也是新中国成立前国民党制造的最大的学运惨案。

洋泾中学师生在党的领导下，在校内积极开展了反对国民党反动派的宣传，发起募捐支持南京"四一"反蒋运动。其后，又在党的领导下掀起护校斗争高潮，并组织收集敌人的情报提供给解放军，为人民军队取得"战上海"的胜利、迎接上海解放，作出了积极贡献。

颍川小筑里的烈士英魂

东方医院的创始人陈桂春晚年在陆家嘴营建的私宅颍川小筑，历经风雨洗礼被完整地保存了下来，这座优秀历史建筑，现作为吴昌硕纪念馆向公众开放。那里还是一个慷慨悲歌之地，留下了众多烈士不朽的英魂——在抗日战争和解放战争时期，很多革命志士曾经关押在那里，坚持不屈不挠的对敌斗争，用鲜血和生命诠释了党的理想信念。

抗战期间上海沦陷后，日伪成立傀儡政权，最初的伪上海大道市政府设在东昌路（后来迁至江湾市政府大厦），陆家嘴成为日本侵略者在浦东重点把守的据点，设立了伪警察局和特务机关。

1941 年 12 月太平洋战争爆发后，日军又在当时的烟厂路和北护塘路交会处设立集中营，拘留各国侨民。同时，把颍川小筑辟作日军宪兵特务机关，成为迫害革命志士的一个魔窟。这里留下了很多可歌可泣的先烈故事。

1945 年初，随着世界反法西斯战争形势扭转、节节胜利，中国人民的抗日战争也将迎来胜利的曙光。

1 月下旬，美军飞行员托勒特中尉被日军炮火击中后跳伞，降落在浦东三林塘大绞圈村的一处麦田里。受伤的托勒特情急之下，跑进农家，用手比画着求助。村民们齐心协力，赶在敌人来搜查之前把他辗转隐藏了起来，并立即向淞沪支队报告，使他得以及时安全地转移到支队驻地。托勒特被转移的第二天，日军派宪兵封锁了大绞圈村，逐个抓来村民拷打逼供，但村民们都坚贞不屈，谁也没有说出托勒特的下落。狗急跳墙的日军最后把村民薛和尚和他 12 岁的侄子薛镜如抓走，关押到设在颍川小筑的日军宪兵司令部，用尽酷刑，把薛和尚活活打死。被薛和尚及其他村民用鲜血和生命保护下来的托勒特，伤愈后安全返回了美国盟军部队，成为二战史上中美联合抗击法西斯侵略的一段佳话。

解放战争时期，颍川小筑又被辟作国民党特务机关，革命英烈李白曾被关押于此，并在离这里不远的戚家庙英勇就义。

李白（1910—1949），原名李华初，湖南浏阳人，1925 年加入中国共产党，1927 年参加湘赣边秋收起义。1930 年加入工农红军，成为红四军通信连的一名战士，后来担任通信连指导员。1934 年，李白被选派到瑞金中央军委无线电学校学习，结业后任红五军团电台台长兼政治委员，参加长征。1937 年抗日战争全面爆发后，李白受党组织派遣，来到上海从事中共秘密电台工作。在日寇与汪伪特务虎视眈眈的险恶环境下，他与妻子裘慧英并肩战斗，坚守岗位，克服种种困难，凭着坚定的信仰和过人的机智，架设起上海与延安之间的"空中桥梁"，及时把党中央的指示传达给地下党组织，把上海抗战情况、地下党组织和日、蒋、汪及英美等国各方面的情况报告给党中央。李白曾两度被日军逮捕，经党组织多方营救获释，辗转浙江、江苏等地工作，抗战胜利后回到上海继续从事地下电台工作。

1948 年 12 月 29 日晚，国民党当局依靠美方提供的最新设备和技术，侦破了李白的电台，李白不幸被逮捕，关押于颍川小筑。在那里他受尽酷刑，坚贞不屈，与敌人进行了殊死的斗争，始终做到"坚不吐实"。就在上海即将迎来解放的前夕，1949 年 5 月 7 日，奋战在秘密战线上的红色电台三烈士李白、秦鸿钧、张国斋和另外九名烈士一同壮烈牺牲在戚家庙（今世纪大道与浦电路交会处）以北约 100 米处。

他们的鲜血染红了新上海的朝霞，他们的英名将永远留在上海解放的史册上。

上海解放后，市政府将十二烈士的遗骨迁至虹桥公墓，后来又迁到龙华烈士陵园永久安息。在当年的烈士牺牲处，树立起"李白十二烈士万古长青"的纪念碑。浦东新区成立后，区文物保护管理署将世纪大道浦电路口东南侧的绿化地定为李白十二烈士就义纪念地。2002年，又在世纪公园 2 号门内一处绿树葱茏的小山坡上，建成了一座李白烈士的半身铜像。

开发开放故事多

"一是一"与"141号"

在浦东大道靠近东方路的位置，有一幢不起眼的灰黄色两层小楼，在岁月的洗刷下已略显黯淡和陈旧，匆匆经过的人们，如果不知其详，不会对它产生什么特别的关注。它就是浦东大道141号，浦东开发早期的总指挥部，伴随着激情燃烧的浦东大开发大建设岁月，这幢小楼俨然已成为一种精神力量的象征，梦开始的地方！

经过20世纪80年代以来政府和社会各界对浦东开发开放日益密集的研讨论证，在邓小平同志的亲自关怀下，无数仁人志士的百年梦想终于一朝成真。1990年4月18日，一个永载史册的日子，时任国务院总理李鹏出席上海大众汽车有限公司成立五周年庆祝大会时，代表党中央、国务院宣布，同意上海加快浦东地区开发，并在浦东实行经济技术开发区和某些经济特区的政策。从这一天起，浦东的历史翻开了绚丽的一页。

4月21日，上海市召开九届人大三次全体会议，朱镕基市长在政府工作报告中，要求全市行动起来，为浦东大开发提供一切支持。随后，他向副市长倪天增和市委组织部分别布置浦东开发办和浦东开发规划研究设计院的选址开张事宜、组建浦东开发办班子的事宜，一个是"安营扎寨"，一个是"招兵买马"，都要求迅速落实。

这"迅速"的概念到底是多快呢？都是三天内！这个进度，不要说在当时基础条件还很薄弱的情况下，即使放在今天来看，也是有点不可思议的。然而，时代的浪潮奔涌向前，国家和人民的重托重于泰山，不容任何"等靠要"的想法。所有领受任务的同志，没有丝毫犹豫和迟疑。浦东开发本就是从无到有，在一张白纸上描绘最美的图景，有什么是不可能的呢？

本着这样的信念，当时承担具体选址任务的市政府副秘书长夏克强，马上把市房地局和黄浦区等领导召集过来研究，商议出来了四五个备选地点。一行人驱车逐一前往实地查看，但是都觉得不太理想，不是交通不便，就是不符合独立办公条件。

当车行至浦东大道靠近东方路时，一幢看上去安静而有些斑驳的灰黄色两层小楼映入眼帘，大家立即下车查看，夏克强副秘书长楼上楼下、前后左右仔细转了几圈，觉得比较满意。向朱镕基市长汇报后，得到了肯定答复。有时事情就是这样奇妙，"踏破铁鞋无觅处，得来全不费功夫"！

这幢小楼属于当时黄浦区浦东文化馆的办公场所。夏克强于4月28日率相关领导同志到文化馆召开紧急会议，宣布了市委、市政府将这栋楼用作浦东开发办的决定，要求文化馆三天内将楼腾空。全馆职工一听是为浦东开发作贡献，顿时群情振奋，大家日夜兼程打硬仗，在两天之内就将小楼腾空并打扫干净。接下去的三天，黄浦区区长胡炜化身"临时包工头"，带领工程队跑上跑下，将小楼里外粉刷一新，到5月2日最后一抹晚霞落下时，终于大功告成。

浦东大道 141 号门口

关于这栋楼的门牌号，有个值得一说的小插曲。当时的浦东大道因为历史原因，文化馆所在的143号之前的门牌号都是空号。办公楼粉刷装修基本完成后，浦东开发办负责人沙麟、李佳能带着相关同志前来验收时，现场就讨论起了开发办的门牌号问题。大家七嘴八舌地议论着，很多同志提出了"88""66""99"等吉祥数。有位同志别出心裁地建议，中国共产党人干革命、搞建设，都是靠"一是一、二是二"的实干精神，一步一个脚印，何不就用"一是一"的谐音"141"呢？而且文化馆是143号，其西边定为141号也顺理成章。这个提议得到大家的一致赞同，"浦东大道141号"就这样确定下来了。

5月3日就是原定的浦东开发办开张的日子，极端紧张、环环紧扣的进度安排，使大家一直忙活到"大姑娘上轿前"。浦东开发办、规划设计院的两块大牌子，是市政府的工作人员在5月2日半夜运来并钉到大门上的；小楼里崭新的办公家具，是民营家具厂自愿赶制捐赠，并于5月3日凌晨摆放到位的，市民群众对浦东开发的热情和支持令人动容。

5月3日上午，由市委组织部紧急从全市各部门遴选调集组成的浦东开发办第一批工作人员正式到位了。所有的人，不问职级、待遇、办公条件，"打起背包就出发"。一凑人数，正好13位，大家风趣地说："阿拉的队伍不多不少，正好十三人，一个班！"有人笑着说："别小看十三个人，当年望志路上的一大代表也是十三人，后来改变了世界！"真正是豪情满怀。

下午3时许，浦东大道141号小楼门前出现了从未有过的热闹场景，四面八方涌来的市民和车辆，把本来宽敞的马路围得水泄不通。朱镕基市长为上海市人民政府浦东开发办公室、上海市浦东开发规划研究设计院两块牌子揭开"神秘面纱"，雷鸣般的掌声和欢呼声久久地回响在"141"的上空。

简短而热烈的挂牌仪式结束后，朱镕基市长又特地向三天内完成"腾楼"这项政治任务的黄浦区文化馆馆长表示感谢，称文化馆"立了浦东开发第一功"，还动情地号召大家要发扬这种"浦东速度""浦东风格""浦东精神"，争当浦东开发的急先锋。

其时来自方方面面的 60 多位工作人员，全部挤在这座小楼里办公，几人共用一张办公桌，几位主任也同在一室办公，大家毫无怨言。吃饭没有食堂，所有干部不分职务高低，都端着饭碗到附近小店吃面，附近的一家小面店老板因此赚得盆满钵满。

1991 年 2 月 18 日，邓小平同志在听取时任市委书记、市长朱镕基关于浦东开发起步情况和浦东新区初步规划方案汇报时，说了一句振聋发聩的"金句"——抓紧浦东开发，不要动摇，一直到建成！邓小平的巨幅肖像和他那句"金句"，被镌刻在 141 号小楼上，至今仍鲜艳夺目。如今，"141"小楼内辟建了浦东开发陈列馆，成为对干部群众进行浦东开发开放史、中国改革开放史教育的绝佳资源。

五大规划设计方案竞标陆家嘴

在北京的国家博物馆里，陈列着一个整体晶莹剔透、布局错落有致的现代化国际大都市模型——上海浦东陆家嘴中心区规划模型。这是中国第一个集国际智慧而诞生的城市规划设计方案，也是第一个以法规形式确定的城市规划设计方案，更是中国改革开放、上海浦东开发开放的重要标志和象征。

陆家嘴，作为占据浦东黄金位置、工业化起步最早的地区，在浦东开发开放总体布局中始终占据龙头地位。浦东开发的大政方针一定，陆家嘴中心区的发展规划就率先被提到议事日程上来。

1990 年底，在上海市政府组织的新区总体规划审议会上，朱镕基市长和有关专家提出，比起纽约、伦敦、巴黎等发展空间已近饱和、只能进行单幢建筑或局部建设的城市，陆家嘴是 20 世纪末 21 世纪初，可在大都市内进行整体大规模开发建设的唯一黄金宝地，在世界上具有绝无仅有的优势。陆家嘴的开发建设应该有系统完整的规划为主导，而不是边施工边调整，"干到哪算哪"。而浦东开发开放，一开始就是"站在地球仪边上思考"的，因此按照国际惯例开展城市规划国际竞争，用当今最新的规划理念和建筑技术来建设一个全新的陆家嘴，以此来扩大浦东开发在世界上的影响，也是当时各界的共识。

1991 年 4 月，朱镕基访问法国时介绍了浦东开发的设想，国内唯一以金融贸易区命名的陆家嘴开发区在法方专家中引起了震动。1992年，法方成立了一个"法国支援中国浦东开发集团"。法国政府公共工程部部长贝松与朱市长签订了会谈纪要，明确由双方合作组织陆家嘴的规划咨询，之后承诺向陆家嘴开发公司援助 200 万法郎，用于陆家嘴核心区 1.7 平方公里的规划设计。之后陆家嘴开发公司也筹资了相当于 200 万法郎的人民币。

1992 年 2 月，法方致函时任上海市市长黄菊，正式确定开展陆家嘴中心区规划和城市设计国际咨询的事宜。1992 年 5 月 28 日下午，中国历史上第一个国际规划咨询会议——陆家嘴中心区规划国际咨询会议正式召开了，由英、法、日、意等多国规划建筑专家组成的外方专家团以及上海城市规划设计院、同济大学、华东建筑设计院、民用建筑设计院等专家组成的联合咨询组参加了会议。

第二天上午，12 位外国专家在中国专家和规划部门人员的陪同下听取了陆家嘴规划情况的介绍，对浦东的开发建设有了更深的了解。下午，赵启正副市长接见国外专家小组成员时强调，中国大陆要有一个城市成为国际性的金融区，上海陆家嘴也要像美国纽约、英国伦敦那样成为世界级的金融中心。当天晚上，专家们继续讨论，发出了咨询任务书，并决定在 1992 年 10 月底提交方案。

1992 年 11 月 20 日，上海国际贸易中心 3 楼国际会议厅内，5 个精心制作的城市模型整齐摆放，格外吸引眼球。7 个国家及地区的 17名外方专家和 30 多位中方专家汇集于此，召开为期 3 天的陆家嘴中心地区规划及城市设计国际高级顾问委员会会议。这场高水平的国际研讨会推出了中、意、日、法、英5个国家的方案，每个方案都有优势和不足。

中国的方案有四个特点：一是从浦西看浦东，由低到高，层次感强；二是强调了东西向的轴线功能和开发潜力（后来演变成著名的世纪大道）；三是充分利用了原有的地下管线，可以大大节约开发成本；四是大楼之间有连接体。中国方案与开发现状结合度最高，但受到的束缚也多，创新力略显不足，且存在建筑占地密度过大的问题。

日本的方案外形像集成电路板，将住宅、商业、办公楼及沿江休闲旅游等分别设计成条状的功能带，把全部交通设施布置在地下，形成负26米共5层的交通网。这个方案现代感强，但投资昂贵，建设周期长，实用度不够。

意大利的方案，从南市区老城厢的形态中找出地域文脉联系，计划在核心区建设一个椭圆形的、高密度的，并由其周围底层建筑群衬托的"城中城"，强调历史文脉的传承，缺点是与现代化的金融贸易区不相适应。

法国的方案是在沿江作出一个呈直角排列的高层带，放置400万平方米的建筑量，以30%的土地开发成本建成70%的建筑容量，并引入了"中心绿地"的概念。这个方案成本相对较低，能在短时间内显现出浦东开发的形态震撼力，但是由于沿江高层带过于密集，对浦西产生了压抑感，两岸和谐度不够。

最引人注目的是英国罗杰斯设计事务所提交的方案。这个方案充分利用黄浦江的空间特征，外形是个圆，就像古罗马角斗场，组成了高低变化、错落有致的六个建筑群组，并设计有相配套的六个主要交通出口，具有极强的韵律感，圆的中间是大面积的绿地和水池。方案体系完整、协调性好，既富古典美感，又考虑现代生活对水、绿、光照的要求。但是这个方案过于强调整体的完美和谐而忽视了单体建筑的自由度，需要投入大片的土地拆迁和市政重建。总之，每个方案各有千秋，但没有一个能达到全部的预期目标。

11月21日，国际咨询高级顾问委员会移师与陆家嘴一江之隔的和平饭店，听取了技术委员会对5个设计方案的分析报告。会上，中国的专家向与会的国际规划大师们提出一个问题："21世纪人类的主题是什么？"

这个提问使会场一度陷入寂静，无疑这是一个城市规划当中相当于"牛鼻子"的关键问题。经过一天的热烈讨论，与会专家们达成了"人与自然的和谐是21世纪人类的主题"这一结论，并针对城市景观、环境绿化、土地开发、越江交通、建设序列等具体问题发表了不少富有创见性、建设性的意识。

11月22日，由16名中外高级顾问组成的顾问委员会及6名中外专家组成的技术委员会提交了《关于陆家嘴中心地区规划及城市设计的建议书》，建议对陆家嘴中心地区的开发战略进行系统研究，进一步明确开发目标、完善规划方案，并结合近期建设项目，对每个地块作详细的设计。

1993年1月，由上海市副市长、浦东新区管委会主任赵启正任组

世纪广场

长的陆家嘴中心地区深化规划领导小组及相应的专家小组、工作小组先后成立。陆家嘴开发公司又借调了上海市规划设计院、华东建筑设计院和同济大学的设计专家和年轻的规划师们，共同进行规划的深化研究。

2月上旬，工作小组通过内部竞赛的方式，提交了三个比较方案。一号方案主要吸收英国罗杰斯方案的特点，结合中国方案的长处，力求路网走向与建筑方位符合原有文脉，形成有机和谐的城市形态；二号方案保持了中国方案的特色，结合原有文脉及已经实施开发的项目，对交通问题作重点调整；三号方案则是在陆家嘴地区规划深化调整的基础上，融合四个外国方案的优点，形成强有力的城市形态。之后，深化规划领导小组在专家们反复讨论研究形成的意见基础上，确定以三号方案为基础，吸收二号方案的长处，再作进一步的深化、完善。

3月5日至7日，又一次小型的国际研讨会在陆家嘴开发公司举行。外方专家们对于中国同行如此深刻地理解了各方案的特点，又如此迅速地融合一体做出新方案深感钦佩，并对新的方案发表了各自的真知灼见。

新一轮的深化方案于5月上旬脱稿后，时任新区管委会和国际规划深化小组负责人胡炜、黄奇帆分别率规划小组辗转奔波于英国、法国、新加坡、我国香港地区等地，边听取专家意见，边考察观摩。罗杰斯仔细阅读方案后，连声赞叹："中国的规划专家能够在这么短的时间里，将五个方案的长处融合在一起，形成一个完善的规划方

传统与现代

案，避免了各个方案的缺陷，实在了不起！"其他的专家也是好评如潮。

陆家嘴规划方案经过200多个日日夜夜的调整、修改后，最终于1993年8月形成优化方案，当年年底经上海市人民政府正式批准通过。根据这一方案，陆家嘴中心地区将成为上海中心商务区的重要组成部分，可开发的土地面积为82.12公顷，分布在69个地块上。规划以金融、贸易、办公、会展、信息中心为主，并结合办公、旅馆、公寓等建筑配置商业服务、购物设施，总建筑容量达400万平方米。

在城市形态布局上将结合黄浦江的河湾地理特点与贯穿上海的纵轴线，沿江建造一条高度为200米的高层建筑群，并在其核心部位建造三幢超高层建筑。滨江绿地、中央绿地、沿发展轴线带将建成占地34%的绿化系统。计划开通延安路隧道复线、泰同栈隧道、东昌路人行隧道等，并建设轨道交通，在改善越江交通的同时，建立区域内的高效综合交通体系，推动地下、地面、空间的立体开发……这个具有21世纪水平的城市规划气魄宏大，构思新颖，突破了以往见缝插针、不讲布局构架的规划模式，体现了浦东与浦西、中国与世界、历史与未来的有机结合。1993年10月，据此最终方案制作的有机玻璃模型展出后，获得各方如潮好评，国内外代表团、城市规划专家等纷纷前来取经，后来模型被国家博物馆永久收藏。

在此后的实际开发建设过程中，规划得到了圆满的落地，最初四个国外方案中各自的亮点也都得到了采纳。比如陆家嘴中心绿地的建设，源自法国方案对建筑和绿地相对集中布局的设想；地下交通空间的布局，是日本方案提供的借鉴；陈桂春住宅等历史遗迹的保护，又是吸收了意大利方案的结果……博采众长，而又与自身的实际情况紧密结合，才成就了今日陆家嘴的丰姿。浦东开发开放至今已 30 年，这个规划即使放在放在今天来看，依然是非常成功的。

烂泥渡上崛起"垂直金融街"

"海纳百川，有容乃大"，这句古语形象地描述了浦东开发开放以来中外银行"抢滩"入驻陆家嘴的盛况。20世纪30年代上海作为远东金融中心的积淀，加上浦东开发开放以来定位为国际金融中心的目标引领，使陆家嘴地区形成了强烈的金融积聚和辐射效应。

从1995年9月首家外资银行日本富士银行上海分行入驻，到2020年浦东开发开放30周年时已集聚17家外资法人银行，陆家嘴成为我国金融业对外开放的见证与缩影。

1990年4月浦东开发开放国家战略出炉后，当年9月上海就发文允许包括外资银行分行在内的外资金融机构在沪设立。1996年12月，浦东获批成为外资银行试点人民币业务的区域，对外资银行来说，要想试水人民币业务，必须在浦东注册，于是又掀起了一轮外资银行纷纷迁至陆家嘴的热潮。

2001年底，汇丰银行以3315万美元的巨资，购置了位于银城东路101号、原名森茂国际大厦的4800平方米楼面及冠名权、标志权，将自己的上海分行和汇丰集团驻中国总代表处都设在了这幢楼里。后来，大厦除了汇丰银行外，还吸引了东京三菱银行、永隆银行、西德意志州银行、荷兰商业银行、富士银行等外资银行的上海分行纷纷在此安家。

　　紧随其后，2002 年 12 月，美国花旗银行与上海巴鼎房地产发展有限公司签约，宣布花旗集团中国区总部将迁入陆家嘴。3 年后，一幢高 42 层、建筑总面积约 12 万平方米，以"花旗"冠名的大厦在陆家嘴滨江拔地而起，站在外滩望去，一眼能从浦东群楼中认出这幢带有"CITI"标识的宏伟大厦。除花旗集团外，大厦后来还引入了多家世界知名金融机构、财团、企业入驻。

　　更多的外资银行，则是聚集在寸土寸金的商务楼里"分一杯羹"。浦东南路沿线的招商局大厦和中国船舶大厦，曾是外资银行抢滩浦东最早的聚集地，20 世纪 90 年代中期时两幢大厦门前曾挂满了各家外资银行的标识，包括花旗银行上海分行、土耳其担保银行、三和银行、比利时联合银行上海分行、东方汇理银行上海分行、巴黎银行、法国外贸银行、荷兰合作银行、意大利商业银行、渣打银行等，见证了外资银行到浦东这片热土上开创新里程的盛况。

　　基本上每隔五六年，外资银行在陆家嘴就会迎来一个新的发展机遇。

　　2007 年，根据中国加入 WTO 的协议，对外资银行开放个人人民币业务，要求以本地法人身份经营，于是不少外资银行开始转制。2013 年的上海自贸区挂牌以及 2018 年起的中国金融业新一轮扩大对外开放，使外资银行在陆家嘴迎来了又一轮业务开拓的新契机。

　　1995 年 6 月 28 日，中国人民银行上海市分行作为金融系统支持浦东开发开放的领头羊，东迁至陆家嘴金融贸易区的银都大厦。当时

举行了盛大的搬迁开业典礼，时任浦东新区管委会主任赵启正、副主任胡炜向央行上海分行赠送了一份特殊的礼物——一头身披印有"金融领头羊"字样红马甲的活羊。央行确实不负这份美誉，它的东迁带动了金融行业在陆家嘴开疆辟土的热潮。

在人民银行的带动下，工农中建交五大国有银行及国家开发银行接踵而至，并且纷纷建起了拥有响亮名字的专属办公大楼，如农业银行上海分行的金穗大厦、中国银行上海分行的中银大厦、工商银行上海分行的世纪金融大厦、建设银行上海分行的建银金融大厦等，其中，交通银行总部于 2002 年 10 月迁至交银金融大厦，成为全国首家落户浦东的国有银行总部。而新型股份制商业银行——上海银行，1995 年成立后发展速度惊人，在南外滩拥有总部大楼后，又在东方明珠北侧建起了 46 层高、总建筑面积达 10.8 万平方米的上海银行大厦，成为支持浦江两岸综合开发的一项重要举措。

1997 年 12 月，上海证券交易所迁至陆家嘴；1999 年 12 月，上海期货交易所在陆家嘴正式运营；2000 年 10 月，上海钻石交易所又在陆家嘴落成，同时上海钻石交易所有限公司挂牌成立（后因业务迅速发展，于 2009 年迁入中国钻石交易中心大厦）。陆家嘴的要素市场建设取得了历史性的突破。

2009 年以来，随着国务院常务会议通过《关于推进上海加快发展现代服务业和先进制造业、建设国际金融中心和国际航运中心的意见》，陆家嘴围绕"上海到 2020 年基本建成与我国经济实力和人民币国际地位相适应的国际金融中心、具有全球资源配置能力的国际航运中心"的战略目标，积极推进两大中心核心功能区建设。

2015 年 4 月，上海自贸区扩容至陆家嘴，涉及区域面积 24.33 平方公里，陆家嘴金融城成为上海自贸区金融改革和对外开放的试验田和主战场。2016 年 8 月，陆家嘴金融城揭牌，陆家嘴金融城理事会、发展局同时挂牌成立，在全国首创"业界共治＋法定机构"的公共治理架构。

现在的陆家嘴金融城，拥有 12 家国家级要素市场和金融基础设施，870 家银、证、保持牌金融机构及其分、子公司，6000 家新兴金融机构，3000 多家专业服务机构；全国 41% 的外资法人银行、上海市 89% 的外资财险、人身险法人机构，以及全国 90% 以上的外资私募机构集聚于此。在陆家嘴地区 285 幢、总建筑面积达 1500 万平方米的商办楼宇中，有 100 多幢税收亿元楼宇，10 多幢税收超 20 亿元楼宇，2 幢税收超 50 亿元楼宇。

"省部楼宇"一条街

在今天的东方路由陆家嘴往东方向沿线，密集排列着很多冠以其他兄弟省市或行业名称的办公大厦，被称为"省部楼宇"一条街。

1990年4月中央宣布浦东开发开放后，安徽省率先呼应，于同年8月就作出了"开放皖江，呼应浦东"的决策，并立即部署在浦东建设安徽辐射基地。时任安徽省委书记卢荣景认为，"我省处在浦东开发开放辐射效应区内，沿江地区更是首当其冲，如果我们不加快沿江经济开发开放，积极迎接辐射，就可能错失时机，扩大与沿海地区的差距，甚至使800公里皖江成为'肠梗阻'，影响整个长江经济走廊的发展"。由此，安徽决定在浦东新区设立裕安实业总公司，并建造入驻浦东的第一幢省部楼宇——裕安大厦。

这座大厦从筹划酝酿到开工建设，充分彰显了"浦东速度"。1991年3月，安徽省领导率省内39位地市、行业、大中型企业负责人考察浦东，同年6月10日，上海有关部门批准立项，短短14天后就举行了奠基典礼，这在同类型大楼的建设史上是很少见的。在裕安大厦门前还命名了一条裕安路。

大厦的建设过程得到了方方面面的鼎力支持。安徽省房地产开发公司表示，"建这幢大厦不求报酬，只要有饭吃就行"，马鞍山钢铁集团有限公司提供钢材，宁国水泥厂承包了水泥，扬子集团也决定投资参建，形成了有钱出钱、有力出力、有物出物的"一船装"开发建设模式，即大厦的勘察设计、材料、施工由安徽省承担，出资出物的单位待大厦建成后折款购买房产。有些项目因当时的技术或其他原因，"一船装"难以承担的，比如大厦的装潢工程，则采取以装潢工程项目组建中外合资装潢工程公司的办法，既吸收外资，又引进人才、技术和管理，达到了高质量建成项目和锻炼提高本土人才业务水平的双赢效果。

1995 年 6 月，裕安大厦举行落成典礼，时任上海市市长徐匡迪出席了庆典。这幢建筑面积约 4 万平方米、高 32 层的宏伟大厦，成为安徽省商贸、信息、对外的窗口，安徽省也被誉为全国各地参与浦东开发开放的"领头雁"。

随着浦东开放的加速推进，陆家嘴优越的地理位置以及作为金融贸易区的规划定位，吸引了越来越多的省市和行业前来"抢滩"建楼，打造对外开放窗口。

1991 年 7 月，山东省与陆家嘴金融贸易开发公司签订约 7260 平方米地块的 50 年使用权，于 1996 年建成了建筑面积约 4.4 万平方米、高 32 层的齐鲁大厦。1991 年 12 月，江苏省签订约 1.1 万平方米建设用地转让合同，投资 5 亿元建造江苏大厦，1996 年竣工。江苏大厦超越了前面两位"老大哥"，建筑面积达到 7.5 万平方米，45 层，总高 145 米，江苏省内有 60 多家单位参与筹资建设。

1992 年 7 月，浙江省嘉兴市在浦东正式签订 6.7 亩预约租地、以

股份制形式集资 8000 多万元兴建嘉兴大厦的协议，开创了地市一级进入陆家嘴金融贸易区建楼、办实业的先例。1996 年，造型独特的 24 层嘉兴大厦竣工交付，蓝白相间的横条纹状玻璃幕墙层叠交错，远看好似高高扬起的风帆。

1992 年 4 月 17 日，中国石油化工总公司上海浦东开发办公室、上海石油化工总厂浦东开发办公室挂牌成立，揭开了中央部委、行业条线进军浦东的序幕。1999 年 9 月，中石化在陆家嘴地区总面积 3 万平方米的中国石化大厦竣工。1994 年底，由电力工业部投资兴建的中电大厦在陆家嘴建成，成为浦东新区首幢智能化大楼。

浦东开发开放至今，在浦东先后矗立起中央各部委、各行业总部和兄弟省市建设的几十栋现代化大楼。"省部楼宇"这一中国独有的新名词，浓缩着浦东海纳百川的城市气质，也记录了浦东开发早期各地纷纷在陆家嘴这块宝地抢抓机遇的生动场景。

"四个一"工程

1996 年 5 月，上海市政府召开浦东开发开放第二次领导小组专题会议，作出关于加快陆家嘴金融贸易区形态开发和功能开发的决策，决定通过一年多的时间，在陆家嘴实施"四个一"工程，并成立了由时任市长徐匡迪任组长的"四个一"工程领导小组。

"四个一"工程的内容包括："一道"，即滨江大道一期工程，从富都广场到明珠广场全长 1500 米，被誉为陆家嘴"最美滨江段"，目标是打造成为陆家嘴的重要景观和上海现代化东外滩的标志，包括滨江大道中心绿地和中心城区道路建设；"一线"，即区域观光路线环境建设，包括杨高路、浦建路、蓝村路、东方路、张杨路、浦东南路、世纪大道等交通主干道，主要任务是部分路段的道路质量整治以及整体的绿化、环境、灯饰优化，形成一条体现现代化城市风貌的人文景观路线；"一区"，即陆家嘴中心区的形态建设，包括占地面积 10 万平方米的陆家嘴中心绿地建设，以及陆家嘴中心区市政道路工程如浦城路、东宁路、北护塘路、烂泥渡路 4 条道路，并配套建成陆家嘴中心区的主要道路网络和地下管线、电力通信设施；"一块"，即菊园小区危旧房屋拆迁改建。

项目被列为上海市重大建设项目，总投资 24.5 亿元，动迁居民达

6100户、单位32家，开发任务非常艰巨，过程中也遇到很多矛盾。特别是从动迁数量、基础设施投入和资金筹措三大指标来看，在当时简直难以想象。然而，作为上海国际经济、金融、贸易中心的地域载体，在即将迎来1997年香港回归和党的十五大召开的背景下，加快陆家嘴金融贸易区开发建设步伐，不仅是陆家嘴自身功能升级的需要，也是浦东开发开放整体布局深化发展的需要。

"四个一"工程是1996年5月正式启动的，但其中的富都世界滨江大道样板段建设，其实早在1992年就开始策划并开工了。根据规划，小陆家嘴沿江地带要"结合滨江大道防汛设施的建设，形成沿江2.5公里长的城市滨江绿地空间"。当时承建该项目的陆家嘴集团公司抽调有限的人力和资金，在很短的时间内搬迁了10多家企业和码头，于1992年底开工建设陆家嘴路至东昌路共1000米、总面积7.83公顷的样板段。

为了充分体现市民群众与"母亲河"亲密接触的和谐美感，特意将亲水平台的高度设置成涨潮时潮水刚好没到人脚下，体现了人与水融为一体的意境。此外，还建造了可容纳1000余人的露天音乐广场以及彩虹喷泉、盆景园、酒吧、咖啡馆、曲润广场、富都广场等富有海派文化特色的消费、休闲设施，吸引中外游客尽情享受城市自然生态与优美人文环境。

这段样板路在灯光的设计上也是别具匠心，浦西的滨江灯光线只有一条，而浦东设计了错落有致的三条灯光带，分别是镶嵌在亲水平台墙上的100多个圆形前坎灯、滨江大道上小的景观路灯带以及马路

陆家嘴中心绿地，犹如一颗镶嵌在现代建筑群中的绿色明珠

上的高灯带，这样从浦西看过来，三条阶梯状的灯光带光华璀璨，非常漂亮。

中心绿地建设是"四个一"工程的突破口，紧邻延安东路隧道浦东出口处。1992 年，多国建筑规划大师在描绘陆家嘴金融中心区这块未来上海 CBD 的远景时，都不约而同地提到要在高楼林立的现代建筑群中镶嵌一颗绿色明珠，以实现人与自然高度和谐的现代城区规划主题。1993 年 12 月市政府批准的《上海陆家嘴中心区规划设计》中，陆家嘴中心绿地得到正式规划确定。

经过短短 10 个月时间，投资近 8 个亿，动迁 3500 多户危棚简屋居民、30 多家单位，20 多万平方米的建筑夷为平地，一片面积达65000 平方米的开阔葱绿大草坪终于镶嵌进了陆家嘴的高楼大厦间，被誉为"城市绿肺"。绿地的布局以绿为主，水景为辅，地形高低起伏、错落有致，大树成荫，百花齐放，还设计了人工湖、喷泉、凉棚、雕塑小品等，为中外游客提供了一个充满时尚气息和自然意趣的休闲观景场所，也为高速运转的陆家嘴金融城注入了一丝柔美灵动的色彩。

"四个一"工程的建设，奠定了陆家嘴地区的基本城市形态，极大地改观了陆家嘴沿江和金融中心区的形象，也创造了黄金宝地在开发过程中注重生态环境建设的成功样本。

"资金空转、土地实转"

陆家嘴包括整个浦东开发开放的早期阶段，面临的最大现实问题就是资金匮乏。尽管中央、上海市都给予了大力扶持，但是据当时的初步估算，整个开发初步完成所需资金达8000亿元人民币。这显然不是当时的政府财政所能支撑的。按照"开发浦东、振兴上海、服务全国、面向世界"的方针，浦东开发开放定位为上海城市功能转型的先导区，着重发展以金融贸易为核心的第三产业和吸引以跨国公司投资为主体的高新技术产业。为此，上海率先建设陆家嘴金融贸易区、金桥出口加工区、张江高科技园区和外高桥保税区四个国家级开发区，并组建了陆家嘴、金桥、张江三家开发公司。三家开发公司在刚刚竣工的由由大酒店各租了一层楼，将客房简单装修后改建为办公室，于1990年9月同时入驻其中。

工商银行了解到浦东开发起步资金的困难后，姜建清行长同意浦东分行批给三家开放公司每家200万元的无抵押贷款，作为它们的开办费。姜行长说："我就用浦东开发的国家战略和决心做担保吧。如果浦东开发搞不成，那么我们这个分行也搞不成了。"

为了解决资金问题，当时的一批"老开发"们可以说是八仙过海、脑洞大开。时任上海市浦东开发领导小组常务副组长、浦东开发

办公室主任杨昌基认为，浦东开发主要靠土地增值，土地政策是含金量最高的政策，要充分利用好，把筹措启动资金的思路从向政府要钱转向向市场要钱。经过与有关委办局反复研究协调，最终确定了"资金空转、土地实转、统一规划、滚动开发"的创新开发模式。这一模式的核心是，以开发公司取代政府作为开发主体，使得土地的有偿使用得以实现，对土地价值的提前预支，避免了资金的直接投入，也降低了土地开发成本。这样，有助于政府将有限的财政资金投入到城市基础建设中，又提升了土地价值，加速了土地开发一级市场循环，进而加快了整个区域的城市化进程。

杨昌基对时任上海市市长朱镕基说，土地空转，千分之四归中央，叫财政拿空头支票，土地局下拨土地，公证处作公证，按 60 元每平方米计算，陆家嘴核心区约 4 平方公里土地，财政拿 2.4 亿元出来。"那就这样先搞起来吧。"朱镕基同志简单的一句回复中，寄托了沉甸甸的信任和希望。浦东开发办副主任黄奇帆主动请缨由他来具体操作。观念新了，土地也能变成金，三个开发公司有了这样一笔"空转"来的启动资金，就加快了实质性的启动步伐。

"资金空转、土地实转"帮助浦东开发开放度过了艰辛困难的起步阶段。陆家嘴开发公司到 1997 年时，通过实施滚动开发，累计批租土地 69 幅，面积 65.21 万平方米，吸引投资 51.4 亿美元。到 2001 年这项制度基本结束，在国家对开发区不直接投入或很少直接投入建设资金的情况下，滚动产生了数十平方公里繁荣美丽的新城区。

除此以外，陆家嘴开发者还推出了两项解决资金问题的创新举措。其一，是用获得的毛地按照一定的价值吸收外资直接投入，进行联合开发。其二，是创建上市公司。陆家嘴开发公司与上海投资信托公司、建行上海市信托投资公司、中房上海公司一起，组建了"上海众城实业房地产开发股份有限公司"，1991 年 9 月获得上市批准，成为全国第一家 A 股上市的房地产公司。1992 年 8 月，陆家嘴开发公司整体转制并更名为上海市陆家嘴金融贸易区开发股份有限公司，于1993 年 6 月上市。1994 年 12 月，公司又顺利发行 B 股，进一步从海外筹集资本。

陆家嘴开发建设之初面临的另一大难题，是怎样安置这块土地上的动迁企业和居民，这关乎社会是否稳定和谐，关乎浦东开发开放的成败。

1990 年，在陆家嘴中心区 1.7 平方公里土地上，居住着 4.92 万常住人口，另外还有 39 家工厂、14 家仓库，小型单位更是多达 250 多家。当陆家嘴开发公司听到动迁费用预估将高达 33 亿元时，几乎瞠目结舌，而动拆迁又是集中开发陆家嘴中心区不可或缺的前提，没有退路，只能迎难而上。

当时重点安置人群包括三类，一是工厂企业的职工，二是城区居民，三是农村居民。第一类相对比较好安排，一般交给工厂企业自行解决就行了，后两类较为棘手，特别是农村居民。

为了在保证陆家嘴地区开发建设速度的同时做好民生保障工作，陆家嘴开发公司先行建造了 10 万平方米的临时过渡房来安排居民的居住过渡，以解决首批启动项目的腾地问题。同时，展开大型动迁基地金杨新村的建造，让陆家嘴核心区的 2 万余户居民安居。40 多家施工单位、6000 余名建设者在一块农地上日夜奋战 3 年，终于在 1996 年建成了 128 万平方米的住宅和配套设施。这就是广为流传的陆家嘴开发兵马未行的"粮草工程"和"一号工程"，是当时上海最大的动迁房基地，以质量佳、配套齐而成为上海市住宅配套试点小区。

面对最难啃的骨头——农村居民的动迁安置，陆家嘴公司主要通过创办安置农民的企业来解决，吸收年龄合适、身体健康、具有一定技能专长的征地农民就业。比如与当时的严桥乡、洋泾乡组成经济联合体，它们用被动迁的补偿和土地作资本，与陆家嘴公司一同建立开发公司，按浦东开发的城市规划进行联合开发，有效解决了农民的实地问题和长期养老资金的来源问题。同时，注重在日常管理中加以培训和引导，帮助他们树立积极、理性的就业观，提高专业技能，增加就业竞争力。通过与集团所属企业及市政绿化、城建配套、大型商超等单位的积极协调，创造了一大批相对稳定的就业岗位。

同时，还制定征地职工帮困救助办法，对家庭成员患重大病、子女上学有困难等特殊情况的征地人员落实帮扶措施，开通"绿色通道"，把党和政府的温暖送到广大征地人员身边，使他们逐步变成浦东开发的生力军，共享开发开放成果。

来自"阿信"家族的第一八佰伴

位于张杨路浦东南路口的大型商业零售企业——第一八佰伴，当年它开业的那一天，曾经创下了蔚为壮观的 107 万顾客的人流量，电梯都被挤爆，不得不暂时停运。经过二十多年的发展，八佰伴已成为上海单体百货销售榜上的常胜将军，最受浦东百姓喜爱的购物休闲胜地之一。而关于它在浦东的落地和发展过程，也有一段值得一书的故事。

1990 年浦东开发开放后，党中央、国务院给予浦东开发十项优惠政策，其中一条就是"允许外商在区内兴办第三产业，对现行规定不准或限制外商投资经营的金融和商品零售等行业，经批准可以在浦东新区内试办"。市财贸系统开始把目光放到浦东，放到陆家嘴金融贸易区。当时已有前瞻性的规划，预留了张杨路—崂山东路—浦东南路—沈家弄路之间的区域，用于建造"新上海商业城"，带动浦东乃至整个上海购物环境的升级。市政府也很重视商业利用外资工作，1991 年 4 月，在国务院发展研究中心的牵线搭桥下，日本的和田一夫家族来上海考察，商谈合作事宜。

和田一夫这个名字对许多人来说可能不熟悉，但说起 20 世纪 80 年代热播的日剧《阿信》，则是无人不晓。剧中出身贫寒的女主人公阿信通过艰苦卓绝的奋斗，最终在日本各地成功开设了17家连锁超市。阿信的原型就是八佰伴的创始人和田加津太太，她和家人也是历经坎坷，打造出了"日本八佰伴国际流通集团"这样一个国际商业巨头。和田一夫是和田加津的儿子，他继承了母亲的坚忍不拔和勤劳果敢，当他1991年踏上中国大地时，八佰伴集团在全球已经拥有400家店铺，年营业额超过5000亿日元。

和田一夫考察了当时年销售额已达8亿元的市百一店，并听取了浦东开发情况介绍后，又来到规划中的新上海商业城地块实地考察。他对这块陆家嘴金融贸易区黄金位置的地皮十分中意。

1991年4月，市政府财贸办公室率上海市第一商业局、市百一店、上海浦东商业建设联合发展公司的代表，与八佰伴集团举行正式会谈，双方相谈甚欢，仅用了两个半小时就在合资意向上达成了共识。合资企业的冠名也很有意味，从中方的"上海第一百货"和日方的"八佰伴集团"各取一半，组合成"第一八佰伴"。4月15日，双方举行合资意向书签字仪式暨记者招待会，吸引了世界媒体的关注。

当时，商业领域引进外资没有现成的路径可供参照，一切都是从头摸索，政策性又非常强，必须经国务院特区办、商业部、体改办、外经贸部、计委、外汇管理局等六个部门的审核，并报国务院批准。为此，上海方面由庄晓天副市长带队，多次赴京向相关部门请示汇报。1992年5月，国务院下达同意兴办中日合资上海第一八佰伴有限公司的批复。同年9月，公司正式成立，成为新中国第一家大型商业零售合资企业。

商业外资的入境，涉及银行的借贷、利率、担保、汇率、外汇管理等一系列金融运作问题，政策刚性大，难度高，需要依靠筹建人员的智慧和努力，去沟通各个环节。其中比较艰难的一个问题，是合资双方权益问题的处理。中方筹建人员本着友好合作、互惠互利而又坚持原则、维护中方应得利益的态度，反复与日方进行有理有据的沟通协商，达成了公司重大事项需经三分之二董事通过（其中至少 1 名中方董事）、进口设备须经海关和商检把关等协议，确保了双方权利等同，还为中方节约了 3000 多万美元的总投资。在短短四个月内，项目筹建组争分夺秒，完成了可行性研究报告、合同、章程的起草，以及翔实可信、操作性强的市场分析，充分体现了只争朝夕的浦东精神。

1995 年 12 月 29 日，上海第一八佰伴新世纪商厦开张。商厦总建筑面积 14.48 万平方米，设 10 层楼面，每个楼面近 1 万平方米，共有 87 部客货电梯，地下双层停车场可泊车 410 辆，由中央控制室集中控制消防、保安、空调、照明。商厦正面外圈别具匠心地设计了长 100 米、6 层高的白色大弯壁，下部 12 个拱形门洞对应中国传统文化 12 生肖。这些设施和设计当时在整个亚洲地区都堪称首屈一指。

在简短而隆重的开业仪式上，和田一夫发表了热情洋溢的讲话：

4 年来，在中方合作伙伴的大力协助下，这家世界最大级别的综合商厦隆重开幕了！新世纪商厦将成为 21 世纪中国时代的新象征，中国也将因拥有这一首屈一指的百货商场而享誉世界。

商厦开业当天，多达 107 万顾客潮水般涌入商厦，创下了一天内光顾同一店铺人数的吉尼斯纪录，甚至一度挤瘫了电梯。

商厦开业后，中日双方在不断的磨合中，逐步优化经营管理机制，促使日方先进的商业理念与中国国情充分结合起来，使商场在社会主义市场经济的大潮中逐浪成长。开业时，曾将商场一楼布置过汽车销售，在当年来说显得太超前，后改为化妆品等商品销售，迅速提升了营业额。除百货零售外，商厦还提供餐饮、休闲及邮政、冲印、银行、美容美发等生活配套服务，特别是开设生鲜超市这一创举，带动了上海商业零售业的业态创新。

就在商厦发展渐入佳境之时，却遭遇亚洲金融风暴的重创。1997 年，日本八佰伴宣告破产，上海第一八佰伴也遭遇前所未有的危机。危难之时，上海第一百货股份有限公司在市政府的支持下，收购了日本八佰伴持有的第一八佰伴股权，所占股份升至 64%，商厦从此完全交由中方经营，日本八佰伴也得以渡过难关。公司上下众志成城，背水一战，在摸爬滚打中积累超大型百货商店的经营管理经验，终于在 2001 年开始扭亏为盈。到 2005 年商厦十周年庆的时候，完全弥补了历年亏损，真正步入盈利阶段，并开始坐上上海单体百货销售的头把交椅。

"东方的香榭丽舍大街"

　　2000 年 4 月 18 日浦东开发开放十周年之际，世纪大道建成通车。世纪大道是浦东新区最重要的城市景观大道，这条宽阔美丽的标志性道路，被誉为"东方的香榭丽舍大街"。

　　兴建世纪大道的规划早在浦东开发初期就已提出，主要考虑是为了通过已有的延安东路隧道，将上海的东西向城市主轴线延伸到浦东，串联起陆家嘴金融贸易区内几个构建中的功能组团地块，如滨江旅游区、浦东南路金融街、新上海商业城、竹园商贸区、花木行政文化中心等，不仅能形成壮观的市容市貌，而且有利于带动金融、商贸等各类要素市场的功能开发。由于这是一条西北—东南走向的道路，类似地球之轴，所以最初被称为"轴线大道"，以后又因为路幅宽阔、气势宏大改成"中央大道"，1997 年正式定名为"世纪大道"。

　　世纪大道起讫点从东方明珠至世纪公园，全长 5.5 公里，宽达 100 米，车道阔 31 米，每方向各设有六快二慢行车线，两侧有 6 米宽的机动车辅道，并设有中央绿化带。四线换乘的轨交枢纽站——世纪大道站，原名"东方路站"，2006 年 7 月经市政府批准改为现名。

　　世纪大道在设计上有很多创新亮点。道路的功能定位为城市景观大道，设计方案源自法国，富有法式浪漫情调，又融合了东方文化的

含蓄和优美。最大的特点是道路断面的非对称设计，中间 31 米是四来四去的车道，北侧人行道 44.5 米、南侧人行道 24.5 米（各包括一条 6 米的辅车道），道路中心线向南偏移了 10 米，圆满地解决了东方路、张杨路与世纪大道无法正交的矛盾，也扩大了道路的整体意境。

世纪大道拥有很好的绿化景观，是上海第一条绿化和人行道宽度大于车行道的景观道路，较好地解决了人、交通、建筑三位一体的综合关系。北侧较宽的人行道布置了四排行道树，外侧是常绿香樟，内侧是冬季落叶的乔木银杏，起到了夏遮冬透的树种效果。围绕世纪大道与现有道路的八个交叉口，因地制宜地设计了以中华植物命名的八个主题公园——柳园、水杉园、樱桃园、紫薇园、玉兰园、茶花园、紫荆园、栾树园，共有 100 多种树种，总量有 8 万多棵，为人们带来炫彩都市气息与自然绿意美景相得益彰的视觉享受。此外，沿线还布设了露天城市雕塑长廊，代表作有"世纪辰光""五行"等，以及精致优美、充满现代感的路灯、护栏、立柱、长椅等设施。

根据道路命名的内涵，世纪大道上的标志性建筑和小品的设计突出了"时间"这个主题。由中法两位著名设计师夏邦杰、陈逸飞共同创作的"东方之光"雕塑，位于世纪大道与杨高中路交会处开阔的环岛上，以一个巨大的古代日晷造型为基础，远观像高科技的卫星天线，周边配有沙漏等计时小皿，整体造型既雄伟大气，又通透灵秀。入夜，日晷塔顶的蓝色激光直射苍穹，指针发出滴滴声响，让驻足的人们体会到时光穿越的神奇感受。

世纪大道是代表新世纪水平的上海标志性精品工程，质量标准非

世纪公园镜天湖

常高，同时施工中还面临地下管线多、文明施工要求高、工期进度紧等很多挑战。对施工中遇到的难题，各方集思广益，奋力攻关。为了确保基层坚实，创造了一种叫作"瓦砾石灰稳定土"的工艺，利用动迁下来的材料，选其中5—7厘米的瓦砾、土进行拌和，形成石灰稳定土。用这种土做道路的基层，车辆开过没有印痕，水倒在路面上用手去搓，也没有一点印迹，当时属于全国首创。

在杨高路立交工程施工时，其下的地铁二号线已通车，为确保两不影响，采取"小步快跑"施工法，有效控制了地基变形，保证二号线的安全运营。堆土较高的路段，用粉煤灰代替一般砂石、土方回填，既保证了施工进度，又解决了路面不均匀沉降的问题。在金茂大厦门口、东方明珠边的沥青大摊铺，经过事先反复演练，几十辆车运着热气腾腾的沥青料浩浩荡荡开到工地，摊铺机、压路机轮番作业，施工人员带上干粮片刻不停地干，从下午到第二天凌晨，一气呵成，工期和质量都达到了预期目标。

2000年4月18日，上海庆祝浦东开发开放10周年大会结束后，黄菊、徐匡迪等市领导与100多位浦东开发开放建设功臣分别乘坐12辆巴士，沿线全程观光。这一隆重、简朴的仪式，标志着世纪大道全面建成通车。

世纪大道上的"东方之光"雕塑，整体造型既雄伟大气，又通透灵秀

不断延伸的地下巨龙

轨交二号线和六号线的建成运营，对于浦东和陆家嘴来说具有特殊意义，组成了浦东早期的轨交纵横架构，开创了越江交通的新时代。在这两条轨交干线的建设过程中，有不少鲜为人知的故事。

1990 年前后，当地铁一号线建设进入高潮时，二号线的选线工作也开动了。规划前期还没有浦东开发开放的概念，在中央 1986 年 4 月批复的《上海市地铁网络规划方案》中，二号线的走向是从西郊公园往杨浦区方向，主要是为了解决杨浦中原地区居民的出行，与浦东并没有什么关系。

转折点发生在 1991 年 2 月，邓小平同志视察上海时说了一句振聋发聩的话："抓紧浦东开发，不要动摇，一直到建成。"随着浦东开发开放被推到时代前沿，在隧道、大桥的基础上进一步建设更大运量、更高效能的越江交通设施，已成箭在弦上、不得不发之势。

地铁二号线的走向，由此发生重大调整，改为由河南路穿越黄浦江到达陆家嘴、世纪大道，再往东延伸通往浦东国际机场，与一号线组成了一个"十"字形的轨道交通。这一调整，对于改善浦东的投资环境、促进浦江两岸的一体化发展、把浦东乃至整个上海建成对世界和内地双向辐射的窗口，具有极其重要的意义。

1995 年 12 月 28 日，二号线浦东杨高南路站（后来称上海科技馆站）率先鸣锤开工。1996 年，浦东五个地铁车站先后开工。历经三年半的奋战，终于迎来了激动人心的时刻。2000 年 6 月 11 日，在浦东开发开放十周年之际，二号线一期工程建成通车，圆了浦江两岸快速交通的百年之梦。

二号线自建成之后的十几年间，随着上海城市建设和浦东开发开放规划布局的调整，一直处在不断延伸的过程中。最初的一期工程西起静安寺站，东到浦东龙东路站（后称龙阳路站），设 10 座车站，长 13.35 公里。后来分别向西延伸至中山公园、向东延伸至张江高科站，全长 19.1 公里，车站增加到 13 座。后来，随着上海经济的快速发展，为适应上海建成"四个中心"的需要，这条巨龙不断延伸，至 2010 年 7 月，全长达 64 公里，共设 30 座车站，向东延伸至浦东国际机场，向西经过虹桥机场、虹桥火车站，延伸至青浦区徐泾东，将上海三大空铁交通枢纽连成一线。

在浦东，二号线将陆家嘴金融贸易区、竹园商贸区、花木行政文化中心、上海科技馆、世纪公园和张江高科技园区连成一体，特别是对位于整条线路中心点的陆家嘴地区来说，更进一步放大了它的区位优势，吸引了五湖四海的青年才俊来这里打拼创业。夜色中，在 CBD 的璀璨灯光映照下，身着干练职业装的金融白领们蜂拥出入二号线陆家嘴站的情景，是这座城市一道独特的风景线。

有意思的是，二号线刚开通时，很多市民的出行还没有脱离公交、摆渡船的老一套，不习惯坐地铁，因此乘客数量不多，车厢里空荡荡的，甚至有人躺在位子上。当时为了吸引人气，还推出过优惠票价。岁月荏苒，如今的二号线日均客流达 180 万人次以上，在申城地铁中高居榜首，成为地铁网络中真正的大动脉、上海东西向交通的"生命线"。

六号线是第一条全线在浦东区域内运行的轨交线路，沿黄浦江的走向建设，从外高桥港城路到东方体育中心，全长 33 公里，设 28 座车站，连通陆家嘴金融贸易区、金桥出口加工区、外高桥保税区和沿线 20 余个大型居住区，解决了浦东沿江地区的纵向交通问题，对推动浦东发展建设发挥了十分重要的作用。

2002 年 12 月 22 日，六号线蓝村路站率先开工。2007 年 12 月 29 日，上海轨交"三线两段"（六号线全线、四号线修复段、八号线一期、九号线一期、一号线北延伸二期）开通试运营，时任中共中央政治局委员、上海市委书记俞正声出席通车仪式并启动发车信号装置。

在五年多的建设历程中，留下了许多难忘的记忆，尤其是攻克技术难关的经历，反映了我国城市基础建设的巨大进步，也折射出浦东开发开放的铿锵步伐。

比如，在浦电路东方路站施工时，附近有教师公寓。为了不影响市民出行，采用方形巨型顶管技术，把车站放在教师公寓的马路对面，从东方路口顶过去，既保证了车站施工需要，又不影响今后市民的出行。又如，盾构在桃林路地下推进时，遇到了巨大的障碍物——杨树浦自来水厂正在使用的原水管，这个大家伙宽 9 米、高 3 米，万一被顶破，将会造成城市供水和地铁工程"双输"的严重后果。为

2 号线世纪大道站

了解决这个难题，项目管理人员和技术专家多次组织探测，反复查阅分析相关地下管线资料，最终成功采用了特殊技术手段，在严格做好各项应对保护措施的基础上，盾构顶部在距离原水管仅 1 米的地方安然通过，有惊无险。

　　而最值得一提的是目前上海轨交的第一号换乘大站——世纪大道站的建设。世纪大道站是二号线、四号线、六号线、九号线四线换乘站，形成了多层交叉的线路布局，其中二、四、九号线是平行的，六号线在上层穿过，形成"丰"字形的格局，施工中必须前后左右上下全部兼顾到，再加上地面有许多建筑物，地下要处理复杂的管线和水利工程，施工时必须十八般武艺全用上，每个细节要反复推敲，各种衔接必须天衣无缝。如车站主体坑基全长243.5米，采用常规施工方法可能导致坑基变形，项目部集思广益，采取化整为零的方法，结合东方路车站出入口、风井和牵引变电站的位置，增设封堵墙，将车站基坑划分为六个小基坑，先后间隔施工。基坑开挖根据每只小坑平面尺寸大小和支撑点设置的情形，采用不同方法，从而攻克了这一难题。

在涉及浦东的六号线、八号线、九号线三条轨交线中，六号线开工最晚，但施工速度最快，与八、九号线同时于2007年11月29日建成通车。

轨交二号线、六号线的建成，织就了覆盖陆家嘴金融贸易区主要地标的快速交通网，对陆家嘴地区的发展发挥了巨大的赋能作用。

刷新城市天际线的"四大金刚"

在如今的陆家嘴滨江核心地带，矗立着四座雄伟的超高层建筑，人称"四大金刚"：东方明珠广播电视塔、金茂大厦、上海环球金融中心、上海中心，形成了浦东开发开放最鲜明的形态标志，不断刷新着浦东的城市天际线。

东方明珠广播电视塔是浦东开发开放早期最杰出的建设成果之一，也是上海人最早看到浦东光芒的地方。今天，站在浦西外滩看过去，尤其是夜色中，第一抢眼的景致仍是这颗通体流光溢彩的"明珠"。

20世纪80年代起，随着上海城市建设快速发展、建筑物高度不断刷新，老电视台在传送信号时受到的干扰也越来越大，建一座新的电视台来改善市民的收视条件，成为市委、市政府高度关注的一件事。上海广播电视局在借鉴了日本、加拿大等国先进的电视塔设计理念后，向广电部递交了申请报告。1987年1月，国家计委批准立项。1988年7月，上海市计委批准建造新广播电视塔的可行性研究报告。

关于新塔的选址，一开始都在浦西中心城区，比如人民广场、静安公园、外滩等地。邓小平同志发表南方谈话、浦东吹响开放号角后，大家的目光聚焦到了浦东。当时通过勘测及综合各方因素，认为小陆家嘴地区最合适，其中已经批给港务局建造导航中心大楼的地块是最好的，它与浦西南京路在一条轴线上，视觉效果最佳。为了让规划中的导航大楼搬迁，市领导力排众议，破天荒地给了港务局5000万元的土地费和动迁费，才使新塔得以落地小陆家嘴黄金宝地。

新塔的设计方案，是当年华东建筑设计院在全国范围内同行的激烈竞争中技压群芳、脱颖而出的。设计者将11个大小不一、高低错落的球体从蓝天中串联至如茵的草地上，两颗红宝石般晶莹夺目的巨大球体被造型简约流畅的立柱高高托起，其创意灵感，源自唐朝诗人白居易《琵琶行》中"大珠小珠落玉盘"的诗意。经过广电局干部群众投票、建筑界专家评审和市委常委会讨论研究，最终选定"东方明珠"方案。

"东方明珠"于1991年7月动工，1994年10月建成，1995年1月投入使用。建成后的东方明珠广播电视塔高468米，发射天线桅杆长118米，具有发射9套电视和10套调频广播节目的能力，覆盖了整个上海市及邻近省份80公里半径范围内的地区，极大地改进了收听收视质量。它还是一座集观光、会议、博览、餐饮、购物、娱乐等综合功能为一体的都市标志性文化景观，设有15个观光层，匠心设计与现代科技的加持，使人们得以360度尽揽浦江两岸的无限风光。

2000年底，位于东方明珠塔和南京东路外滩之间的外滩观光隧道开通，将上海两大"钻石区域"连为一体，提供了绝佳的越江交通和观景视觉享受。

1992年2月，为响应邓小平同志"南方谈话"和支持浦东开发开

放，时任中共中央政治局委员、外经贸部部长李岚清率直属企业中国进出口总公司的领导一行，来到当时还是一片荒地的烂泥渡路附近考察，与上海方面一拍即合，决定在此建造一座摩天大楼，成为中国经济、金融、贸易面向世界的窗口。

关于大楼的命名，有人提议"金茂"，既谐音"外经贸部"，又有吉祥如意之意，得到李岚清同志和上海市领导的一致赞同。楼高定为88层，也是取中国传统文化中的大吉大利之意。大厦由中化集团、中粮集团、五矿集团等10家大型国企集团组建的中国金茂（集团）股份有限公司投资，建筑造价50亿美元。

建造金茂大厦在工程技术上面临的最大难题，是沿江滩地怎样承受88层高的钢筋水泥混凝土"庞然大物"的压力。同济大学老校长、中国科学院和工程院双院士李国豪及其团队经过精细研究，确定地质条件没有问题，随后又从高层建筑力学角度提出了几个需要注意的问题，比如大厦必须考虑抗12级台风和7级以上地震、大楼的高宽比不能大于7，这些重要建议都在后来的设计中被采纳了。

外经贸部、上海市和浦东新区领导最终从十余家投标的设计公司中选定了美国SOM公司的方案。这个方案巧妙地融入中国古塔建筑的美感，采取双轴对称形式，有节奏地随着高度增加而起伏向上、叠层生长。大厦的平面构图是双对称的正方形，立体构图是13个内分塔节，向上逐渐收缩，既有强大的支撑点，又富有威严感和力量感。方案中标后，又在中美双方设计师的共同努力下，用了9个月的时间进行完善，于1994年5月动工，1998年8月竣工，1999年8月起全面营业，地上 88 层、地下 3 层，高 420.5 米。

金茂大厦成为新上海建筑的里程碑，先后荣获伊利诺斯世界建筑结构大奖、建国五十周年上海十大经典建筑金奖第一名、第二十届国际建筑师大会艺术创作成就奖等多项国内外大奖。

金茂大厦的外墙设计也是一大亮点。经过反复斟酌之后的颜色，可以说是完美无比，能随天气和时间切换：晴天时，它呈现高雅清新的蓝色；阴雨时，它呈现安静柔和的银色；晚霞照射时，它又是通体流金，壮丽辉煌，犹如一座向天际宣誓中华民族崛起的金山。

金茂大厦开业以来，以其一流的设施和先进的管理，吸引了中外高端商户竞相入驻，对上海的对外开放和建设国际贸易中心起了很好的促进作用。中国加入 WTO 后，银行、基金、保险、贸易、投资类客户及律所成为大厦相对固定的入驻商户。位于大楼 53 层至 87 层的金茂君悦大酒店，成为中外宾客入住浦东的热门选择。

2008 年 8 月，金茂大厦被毗邻的上海环球金融中心超越。

环球金融中心立足于"世界金融磁场"的目标，是一幢集商贸、宾馆、观光、文化等功能为一体的综合性大厦，目前入驻有 300 多家世界五百强企业商家。项目以日本的森大厦株式会社为中心，联合日本、美国等 40 多家企业投资兴建，凝聚了当时国内国际顶尖的建筑设计、施工和项目策划运营力量。

建筑的 94 至 101 层为观光层，有三个观景台，其中 94 楼为观光大厅，是一个约 700 平方米的展览场地及观景台，可举行不同类型的展览活动。97 楼为观光天桥，在第 100 层又设计了一个最高的观光天阁，长约 55 米，地上高达 474 米，超过加拿大国家电视塔观景台和位于阿联酋迪拜的迪拜塔观景台，成为当时世界最高的观景台。79 至 93 层为柏悦酒店，7 至 77 层为写字楼，其余为会议室和商业设施。

2006 年 3 月，环球金融中心在工程现场内建成一座展厅，其中陈列有上海中心城区模型、陆家嘴金融贸易中心区模型以及 4 米高的环球金融中心模型，这些模型从上海城市整体发展的角度展示了环球金融中心的建设定位，众多政府机构及商户在参观后立即决定入住。项目建成后，部分模型被转移至大楼内的综合展厅继续展出。

项目于 1997 年初开工，至 2008 年 11 月正式开业，在 11 年的建设历程中，经历了非常曲折的故事。

承担环球金融中心主要投资商和策划运营管理的森大厦株式会社，是由日本地产界巨头森稔先生创办的。森是一位很有情怀的建筑商，在来浦东之前，他在日本已经获得巨大的事业成功，来浦东发展是想在中国和浦东再次实现自己的筑城梦想。1993 年初，森在日本经济出现严重滑坡、公司内部包括很多日本金融界人士都对投资中国缺少信心的情况下，力排众议，坚持投资浦东。1995 年 12 月，森获得大厦所需地块的土地使用权，注资 2.13 亿美元成立了上海环球金融中心有限公司。1997 年 8 月，"环球"奠基开工。

没多久，亚洲金融危机的爆发，内忧外困之下的森不得不在 200 余根基桩完工后，宣布项目暂时停工。正在森极度担忧之际，新区有关领导赵启正、胡炜、王安德等鼎力相助，取得了当时在中央主持经济工作的朱镕基的支持，落实了工程贷款等政策支持，减轻了森的压力，项目得以复工。可在接下去的几年里，因为 2001 年的"9·11"事件和 2003 年"非典"的爆发，又经历了两次停工。当时在日本，几乎没有几个人相信森还能站着回家了。

是森骨子里的"不死鸟"精神，以及对于中国和浦东发展的坚定信心，支撑他一次又一次地挺过来。"非典"疫情稍有稳定后，森就着手考虑项目复工和设计调整的问题。因为当时台湾地区和香港地区都已在建 480 米高的摩天大厦，超过了"环球"的原设计高度，为了不改变兴建世界第一高楼的初衷，对原方案进行了修改，比原来增加 7 层，达到地上 101 层，地下 3 层，建筑主体结构 492 米。2005 年 11 月，项目按照新的设计方案全面复工建设。2008 年 8 月 28 日，北京奥运会成功举办后的第 4 天，"环球"正式竣工，两天后举行了盛大的剪彩仪式。赵启正在仪式上用"十年磨一剑"的中国古话来形容森的精神，森本人更是激情难抑地说，"环球"的建成是中国政府和上海、浦东各界支持的结果，是不断向"不可能"挑战的历史，他为自己亲身参与和演出了"浦东奇迹"中的一幕而感到无上光荣。

10 月 25 日，"环球"正式开业，世界三大男高音歌唱家之一的卡雷拉斯在 94 层的观光大厅举办了开业纪念音乐会。

"环球"的建筑设计中有两个突出的亮点。一是引入了"垂直花园城市"的概念，强化市民享受公共空间、尽揽城市风采的功能；二是特别注重大厦与周边环境的和谐，在森的建议下，陆家嘴开始兴建连接几大摩天大厦和商业区的共荣彩带——世纪连廊，改变了建筑物之间的孤立状态，这也是森始终秉持的"共同建筑城市"理念。

建设中的上海中心大厦

当东方明珠、金茂大厦、环球金融中心先后以势不可挡的强大气场在陆家嘴这块黄金宝地拔地而起之后，想不到这里还有一个更加绚丽夺目、美轮美奂的地标建筑，如同雨后春笋一般，以每天可视的速度向天际不停地拔节生长，让所有地面上的人都要举头仰望，这就是"上海中心"。

早在 1993 年 12 月，上海市政府批复原则同意的《上海陆家嘴中心区规划设计方案》中，明确在小陆家嘴地区兴建三幢超高层建筑，其中就有了上海中心项目规划的雏形。经过十多年的发展，陆家嘴地区的实际情况发生了很大的变化，为了进一步优化城市形态，完善区域功能，自 2005 年 8 月起，在市政府的推动下，上海市规划局组织开展原定地块新的规划研究，进一步明确定位和参数。项目的资金来源，是由上海城投（集团）有限公司、陆家嘴金融贸易区开发股份有限公司、上海建工集团股份有限公司分别按比例投资 86 亿元，注册成立上海中心大厦建设发展有限公司。

2006 年 6 月起，由市城投总公司牵头，开始组织上海中心项目的设计方案招标。在设计任务书中明确了项目的建设目标，其一是定位于展示上海经济实力、科技水平和城市精神，成为城市发展的新航标；其二是突出生态、节能、环保的理念，体现自然与人文、环境与生活有机结合的和谐；其三是体现资源能源高度集约化的"垂直微型城市"理念。按照这些目标，年内共征集到九家国内外设计单位提交的 19 个设计方案和 21 个设计模型。

经过相关职能部门、业内专家和业主代表等各方共同参与的多轮

上海中心大厦突破 300 米时的雄姿

评审，产生了最后入围的两个候选方案，相关的方案模型还被送到了市人大常委会会场听取意见。2008 年 4 月，经项目公司董事会投票表决，确定美国 Gensler 设计事务所提交的"龙形"方案为最终中标方案。后续经过扩初设计，项目于 2008 年 11 月开工建设，2014 年 12 月土建竣工，2016 年 4 月正式投入分步试运营，成为已建成的中国第一、世界第二高楼。

总高 632 米的上海中心大厦，包括地上 127 层、地下 5 层和 5 层裙楼，总建筑面积 57.8 平方米，单体建筑重达 85 万吨。大厦界面类似三角形，以顺时针方向连续 120 度螺旋形上升，在顶端设置一个开放式顶棚，整体外观如同一条腾空而起的巨龙，同时这种设计对超高层建筑来说也具有很好的抗风作用。

大厦在建筑技术方面的每个细节，都是目前世界上最先进的科学技术和理论的结晶。在土质松软、含有大量黏土的基坑中打下的 980 个深达 86 米的基桩，一次性浇注 6 万立方米的混凝土形成的 6 米厚的底板，创造了世界民用建筑底板体积之最；上海科研人员自主研发的目前世界上唯一运用电磁机理的阻尼器，确保了大厦的稳固；与大厦施工进度同步上升的"跳爬式液压整体自升钢平台"，提供了与平底作业同样完美的高空施工平台，最快仅用 3 天便能建成一层；嵌入每块玻璃的"SGP 胶片"，具有卓越的抗冲击性和水热稳定性，能保证大厦的玻璃万一遇到外力冲击或年久碎裂也不发生"玻璃雨"。

如今，当我们乘坐着 55 秒内能从一层直达 118 层的高速电梯来到世界最高的 360 度观光台，在"上海之巅"感受这座城市的无限魅力时，真的会有一种"会当凌绝顶，一览众山小"的感觉。

上海中心大厦的建成让浦东、上海乃至中国又增添了一座对标世界顶尖水平的地标，以及一个集聚众多跨国公司总部机构的优秀金融平台。上海高层建筑群最密集、最具现代大都市魅力的浦东陆家嘴，成为当仁不让的中国改革开放和生机活力的象征。

图书在版编目(CIP)数据

璀璨明珠陆家嘴/邢建榕,施雯著. —上海:学
林出版社,2020
(上海地情普及系列丛书)
ISBN 978 - 7 - 5486 - 1665 - 8

Ⅰ.①璀⋯ Ⅱ.①邢⋯ ②施⋯ Ⅲ.①上海-地方史
Ⅳ.①K295.1

中国版本图书馆 CIP 数据核字(2020)第 120900 号

责任编辑	尹利欣 张予澍
特约审校	王瑞祥
装帧设计	肖晋兴
特约摄影	陈 渝 孙 婷
插 图	蔡 震
图片提供	施 雯

上海文化发展基金会资助项目

上海地情普及系列丛书

璀璨明珠陆家嘴

上海通志馆 主编

邢建榕 施 雯 著

出 版	学林出版社
	(200001 上海福建中路 193 号)
发 行	上海人民出版社发行中心
	(200001 上海福建中路 193 号)
印 刷	上海丽佳制版印刷有限公司
开 本	890×1240 1/32
印 张	7.875
字 数	17 万
版 次	2020 年 8 月第 1 版
印 次	2020 年 8 月第 1 次印刷
	ISBN 978 - 7 - 5486 - 1665 - 8/G · 631
定 价	52.00 元